FINANCIAL SUPPORT AND INNOVATION

The Collection of Written or Lectured Texts About
The 1st Western China Financial Forum

金融支持与创新

——第一届中国西部金融论坛文集

中国西部金融论坛组委会　主编

四川大学出版社

特约编辑:舒晓利
责任编辑:吴雨时
责任校对:楼　晓
封面设计:原谋设计工作室
责任印制:李　平

图书在版编目(CIP)数据

金融支持与创新:第一届中国西部金融论坛文集 /
第一届中国西部金融论坛组委会主编. —成都:四川大
学出版社,2011.3
　　ISBN 978-7-5614-5238-7

　　Ⅰ.①金… Ⅱ.①第… Ⅲ.①地方金融事业-经济发
展-西北地区-文集②地方金融事业-经济发展-西南地
区-文集 Ⅳ.①F832.7-53

中国版本图书馆 CIP 数据核字(2011)第 045100 号

书名　　金融支持与创新
　　　　——第一届中国西部金融论坛文集

主　　编　中国西部金融论坛组委会
出　　版　四川大学出版社
地　　址　成都市一环路南一段 24 号 (610065)
发　　行　四川大学出版社
书　　号　ISBN 978-7-5614-5238-7
印　　刷　成都东江印务有限公司
成品尺寸　185 mm×260 mm
印　　张　13.5
插　　页　8
字　　数　260 千字
版　　次　2011 年 4 月第 1 版
印　　次　2011 年 4 月第 1 次印刷
定　　价　48.00 元

◆ 读者邮购本书,请与本社发行科
　　联系。电话:85408408/85401670/
　　85408023　邮政编码:610065
◆ 本社图书如有印装质量问题,请
　　寄回出版社调换。
◆ 网址:www.scupress.com.cn

第一届中国西部金融论坛主论坛会场

第一届中国西部金融论坛主论坛会场的部分参会嘉宾

国际资本分论坛会场

西部大开发与金融
支持和金融创新分
论坛会场

西部与台港澳金融
合作圆桌会议

全国人大常委会副委员长、民建中央主席陈昌智
在第一届中国西部金融论坛主论坛上作主旨演讲

中共四川省委副书记、四
川省省长蒋巨峰在第一届
中国西部金融论坛主论坛
上致辞

全国社会保障基金理事会理事长戴相龙在第一届中国西部金融论坛主论坛上演讲

中国保监会主席吴定富在第一届中国西部金融论坛主论坛上演讲

全国人大财经委副主任委员吴晓灵在第一届中国西部金融论坛主论坛上演讲

中国人民银行副行
长马德伦在第一届
中国西部金融论坛
主论坛上演讲

中国银监会副主席蔡鄂
生在第一届中国西部金
融论坛主论坛上演讲

中国证监会副主席刘新华
在第一届中国西部金融论
坛主论坛上演讲

四川省人大常委会副主
任、党组书记甘道明在
国际资本分论坛上演讲

四川省委常委李登菊主
持第一届中国西部金融
论坛主论坛

四川省人大常委会副主
任郭永祥在西部大开发
与金融支持和金融创新
分论坛致辞

中国工程院院士、四川大学校长谢和平
出席国际资本分论坛

四川省人民政府副省长陈文华主持国际
资本分论坛

中共成都市市委副书记、成都市市长葛红林在
第一届中国西部金融论坛主论坛上演讲

全国政协常委、重庆市人大常委会副主任
卢晓钟在国际资本分论坛演讲

四川省金融办公室主任陈跃军主持
国际资本分论坛

中国证监会研究中心主任祁斌
在国际资本分论坛上演讲

财政部财经科学研究所所长
贾康在国际资本分论坛上演讲

四川证监局局长杨勇平在国际资本分论坛
上演讲

中国人民银行成都分行行长李明昌主持西
部大开发与金融支持和金融创新分论坛

全国政协常委、通威集团董事局主席
刘汉元在国际资本分论坛上演讲

成都市金融办副主任梁其洲在西部与
台港澳金融合作圆桌会议上演讲

中科招商创业投资集团董事长单祥双在
国际资本分论坛上演讲

香港亚洲联合财务有限公司董事总经理
兼行政总裁长原彰弘在西部与台港澳金
融合作圆桌会议上演讲

台湾华南金控董事长兼中华金融协会
理事长王荣周在西部与台港澳金融合
作圆桌会议上演讲

台湾合作金库商业银行董事长
刘灯城在西部与台港澳金融合
作圆桌会议上演讲

澳门贸易投资促进局执行委员陈敬红在
西部与台港澳金融合作圆桌会议上演讲

主论坛会场主席台

国际资本分论坛主席台

主论坛会场的部分代表

主论坛会场的部分代表

主论坛会场的部分代表

西部与台港澳金融合作圆桌会议的部分代表

前　言

　　2010 年正值党中央、国务院启动新一轮西部大开发之际，第一届中国西部金融论坛于 10 月 22 日在四川省成都市国际娇子会议中心隆重开幕。举办本次论坛，是西部地区贯彻落实党中央、国务院关于新一轮西部大开发战略决策、加强西部与国内外金融机构的交流与合作、进一步扩大西部金融的对外影响、推进成都西部金融中心建设、促进四川金融业快速稳健发展的重要举措。首届中国西部金融论坛由中国人民银行、中国银监会、中国证监会、中国保监会共同主办，民建中央为顾问单位、四川省人民政府为承办单位。本届论坛由一个主论坛、两个分论坛和一个圆桌会议组成。

　　主论坛于 10 月 22 日下午在成都娇子国际会议中心举行，论坛主题为"新一轮西部大开发中的金融支持与金融创新"，主要议题有："新一轮西部大开发金融支持的重点与途径"、"新一轮西部大开发与金融创新"、"新一轮西部大开发与国际资本投资"、"新一轮西部大开发与西部金融产业发展"等。四川省省长蒋巨峰代表省委省政府在论坛开幕式上致辞，全国人大常委会副委员长、民建中央主席陈昌智在论坛上发表了题为《抓住西部大开发新机遇 促进西部金融产业又好又快发展》的主旨演讲，全国社会保障基金理事会理事长戴相龙、中国保监会主席吴定富、中国人民银行副行长马德伦、中国银监会副主席蔡鄂生、中国证监会副主席刘新华、全国人大财经委员会副主任委员吴晓灵、国家开发银行副行长李吉平、中国工商银行副行长罗熹、中国银行副行长岳毅、中国进出口银行行长助理袁永兴、中国太平洋保险（集团）股份有限公司董事长高国富、成都市市长葛红林等领导和嘉宾出席了论坛并发表了重要演讲。

1

论坛由四川省委常委、省总工会主席李登菊主持。39 家境内外金融机构总部领导、88 家国外及台港澳机构负责人、西部十二省区市地方政府及部门负责人、在川金融机构负责人等 600 多位嘉宾参加了会议。

国际资本分论坛于 10 月 23 日上午在成都娇子国际会议中心举行，由四川省人民政府金融办、四川大学经济发展研究院、民建四川省委、四川证监局承办。资本分论坛以"西部大开发与国际资本合作"为主题，包括"未来十年西部大开发战略布局投资政策"和"汇聚国际资本、促进结构调整、加快西部建设"，以及"企业上市和企业融资"等议题。全国人大常委会副委员长、民建中央主席陈昌智发表重要讲话，四川省人大常委会副主任、党组书记甘道明，四川大学校长、中国工程院院士谢和平，全国政协常委、重庆市人大常委会副主任卢晓钟，全国政协常委、通威集团董事局主席刘汉元，中国证监会研究中心主任祁斌，财政部财政科学研究所所长贾康，国家发展和改革委员会财政金融司副司长曹文炼，四川省政府副秘书长何旅章，四川省证监局局长杨勇平，四川大学经济发展研究院执行院长于建玮，中科招商董事长单祥双，国金证券董事长冉云，华西证券董事长蔡秋全，深圳交易所、纽约交易所、伦敦交易所、新加坡交易所、德意志交易所、欧洲投资证券和德意志银行、软银资本、毕马威、中国风投、德同资本等国内外投资机构以及中介组织的高级代表出席并就论坛议题进行了专题演讲。专题论坛结束后，还举行了"西部企业和国际资本投融资对接会"，与会的投资机构和西部企业展开了面对面的交流和对接。分论坛由四川省人民政府副省长陈文华，四川省人民政府金融办公室主任陈跃军，四川大学经济发展研究院副院长梁展崇和毕马威会计师事务所合伙人邹小磊分别主持，有近 100 家国内外银行、交易所、证券、基金、投资机构和 200 家具有投资潜力的企业及有关单位代表共计 500 余人参加了本次分论坛。

西部大开发与金融支持和金融创新分论坛于 10 月 23 日上午在成都娇子国际会议中心举行，由四川省人民政府金融办、人民银行成都分行、四川银监局、四川保监局和西南财经大学等单位承办。研讨的主题是"西部大开发与金融支持和金融创新"。与会嘉宾就十年来金融支持西部大开发的特点与经验，金融支持新一轮西部大开发的重点、方式和途径，金融创新与新一轮西部大开发的方向、重点与途径等议题展开了深入的探讨。四川省人大常委会副主任郭永祥、中国人民银行研究局副局长汪小亚、中国保监会政策研究室副主任熊志国、上海交通大学中国金融研究院副院长费方域、加拿大皇家银行中国区董事总经理陈林龙、云南省金融办主任刘建华、中国人民银行拉萨中心支行行长旺堆、成都银行董事长毛志刚、南洋商业银行执行董事兼行政总裁曾小平、青海银监局局长冷云竹、包商银行董事长李镇西、西南财经大学中国金融研究中心主任刘锡良、富登金融北亚及大中华区总裁董事总经理詹文岳、四川省人民政府金融办副主任艾毓斌等出席并发表讲话，论坛由人民银行成都分行李明昌行长、四川银监局王泽平副局长和四川保监局王虎林局长分别主持。本次论坛吸引了来自境内外各大银行、保险机构、信托公司、小贷公司、担保公司，以及境内外相关专家和机构及企业代表近200名参加了会议。

西部与台港澳金融合作圆桌会议于10月23日上午在成都娇子国际会议中心举行，由成都市人民政府、四川省人民政府金融办、人民银行成都分行、四川银监局、四川证监局和四川保监局等单位承办。研讨的主题是"西部与台港澳金融合作"。讨论的主要内容是"西部与台港澳金融的比较优势"、"西部与台港澳金融合作的路径"、"西部与台港澳金融合作的机制"等。四川省人大常委会副主任杨志文、成都市常务副市长孙平、成都市金融办副主任梁其洲、澳门贸易投资促进局执行委员陈敬红、成都投资控股集团总经理邓明湘、成都市金融城公司副总经理曾强、台湾地区华南金控董事长兼中华金融协会理事长王荣周、香港证券及期货监察委员会委员及执行董事何贤通、东亚银行执行董事兼行长关达昌、台湾地区合作金库商业银行董事长刘灯城、香港亚洲联合财务有限公司董事总经理兼行政总裁长原彰弘、中英人寿保险公司副总裁邱毅、台湾地区创业投资公会秘书长苏拾忠、成都市台商协会常务副会长方履兴、港汇资本集团有限公司董事兼中国西区总部董事长袁志明等出席会议并发表讲话，论坛由上海第一财经频道评论员张晓峰主持。来自台港澳知名金融机构、部分境内金融机构以及川内部分台港澳企业的负责人等100余人参加了会议。

本届金融论坛是我国西部地区首次举办的规格最高、规模最大、影响最广泛的专业论坛，此次论坛的成功举办，对推动新一轮西部大开发中的金融支持与金融创新，推动国际资本和西部的交流合作，促进西部资本市场的发展和完善，推动西部金融中心的建设，推动西部经济建设又好又快发展将产生积极而深远的影响。论坛得到成都市人民政府、成都银行股份有限公司、华西证券有限责任公司、国金证券股份有限公司和港汇资本集团有限公司等单位的大力支持。

本论文集受中国西部金融论坛组委会委托，在四川省人民政府金融办的指导下，由四川大学经济发展研究院根据论坛嘉宾演讲的现场速记、录音和PPT等资料整理、编辑而成。论文集中的大部分讲话稿已经嘉宾本人最终审定，但仍有个别嘉宾未联系上，故讲话稿未经本人审定，这在论文集中已有特别注明。文中不完善之处，敬请谅解。四川大学经济发展研究院为此论文集的编辑出版做了大量工作，四川大学出版社为该论文集的正式出版也提供了大力支持和帮助，在此一并表示衷心的感谢。

中国西部金融论坛组委会

2011. 2. 15

目　录

中国西部金融论坛主论坛

分论坛一：国际资本论坛

分论坛二：西部大开发与金融支持和金融创新

圆桌会议：西部与台港澳金融合作

中国西部金融论坛
主论坛

主持人：四川省委常委李登菊

在第一届中国西部金融论坛上的致辞

中共四川省省委副书记、四川省人民政府省长　蒋巨峰

尊敬的陈昌智副委员长，

尊敬的国家部委各位领导，

各位嘉宾、各位朋友，

女士们、先生们：

　　下午好！

　　金桂飘香，和风送爽，海内外宾朋相聚第一届中国西部金融论坛，共商新一轮西部大开发金融支持与金融创新大计，共绘西部大发展的宏伟蓝图。这是西部金融的盛会，也是四川经济社会发展中的一件大事。在此，我谨代表四川省委、省政府，对各位领导、各位嘉宾的到来表示热烈的欢迎！

　　中国西部地区地域辽阔、人口众多、山河壮美、资源富集，在我国区域协调发展总体战略中占有重要地位。实施西部大开发战略，是党中央、国务院高瞻远

瞩、总揽全局，在世纪之交作出的重大决策。10 年来，四川紧紧抓住这一重大历史机遇，重点做好基础设施、生态建设、结构调整、科教兴川和改革开放"五篇文章"，奋力推动全省经济社会跨越式发展。特别是近两年来，我们成功应对汶川特大地震和国际金融危机的严重影响，在加快建设灾后美好新家园，加快建设西部经济发展高地方面，取得了令人瞩目的成就。一是经济保持较快增长，综合实力大幅提升。经济总量 10 年增长 2.87 倍，年均增速达 11.6%。地方财政一般预算收入增长 4.55 倍。特色优势产业快速发展，经济效益不断提高。今年以来，全省经济继续保持持续较快发展的良好势头，前三季度全省 GDP 增长 15.2%，比去年同期高 1.3 个百分点。二是基础设施建设和基础产业发展取得突破性进展，发展条件明显改善。抓住机遇建成了一大批交通、能源、水利、通信以及资源开发、科技创新等重大项目，发展的保障能力极大增强。特别是西部综合交通枢纽建设加快推进，"蜀道难"的状况明显改善。生态环境保护得到加强，建设长江上游生态屏障取得显著成效。三是改革开放深入推进，发展活力日益增强。国企改革、财税改革、投融资体制改革、农村综合改革和扩权强县试点取得重大突破，民营经济活力增强，统筹城乡改革走在全国前列。开放型经济迈上新台阶，承接产业转移步伐加快，全球 500 强企业已有 154 家在川落户。四是社会事业全面发展，人民生活不断改善。教育、就业、社会保障、卫生、文化等全面发展，城乡面貌和人居环境发生历史性变化，社会大局保持稳定。城镇居民人均可支配收入年均增长 9.8%，农民人均纯收入年均增长 9.2%，累计解决了 142.5 万绝对贫困人口的温饱问题。五是战胜特大地震灾害，灾区加快恢复振兴。在党中央、国务院的坚强领导和亲切关怀下，在兄弟省区市及社会各界的倾力支持、倾情援助下，我们万众一心、共克时艰，灾后恢复重建取得决定性胜利，灾区从废墟上站立，展示出在灾难后重生、在重建中跨越的生动图景。

四川经济社会发展取得的成就，离不开金融强有力的支持。2000 年以来，全省金融机构本外币各项存款、贷款年均增速分别达到 20%、15.79%。各金融机构加大对高速公路、铁路、城市公共交通等基础设施建设和水力发电、装备制造业等优势产业的信贷投放，大力支持紫坪铺水库、向家坝水电站、成都双流机场二跑道、达州普光天然气田开发等一批西部大开发标志性项目建设。金融产业增加值不断提高，2009 年金融已成为四川第三大服务行业，对 GDP 增长的贡献率超过 6%，金融保险营业税（地方）在全省营业税中占比达到 15%。特别是在灾后恢复重建中，各金融机构认真落实对灾区的特殊金融支持政策，着眼民生，创新服务方式，信贷资源和各类资金向灾区倾斜，灾后恢复重建金融支持工作成效显著。截至 2010 年 9 月末，全省金融机构累计发放灾后恢复重建贷款 3651 亿元，贷款余额 2549 亿元。其中发放城乡住房重建贷款 645 亿元，城镇建设贷款 698 亿元，农村建设贷款 206 亿元，公共服务类贷款 112 亿元，基础设施类贷款 879 亿元，产业重建贷款 1106 亿元。金融在积极支持地方经济发展的同时，自身也得到了较快发展。截至今年 9 月末，四川有各类型银行业金融机构 599 家，各类证券业机构、期货、基金公司 61 家，各类保险机构 54 家。银行业法人机构和网点数量、外资银行数量、证券机构数量均位居西部省市第一，金融业总资产达 3.41 万亿元，金融业从业人员超过 30 万人。

今后十年是全面建设小康社会的关键时期，中央作出深入实施西部大开发战略的重大决策，吹响了西部新一轮全面开发开放的号角。四川是西部经济大省，有资源、市场、科教人才等比较优势和良好的产业基础。我们将立足新起点，抓住新机遇，推进新跨越，努力在新一轮西部大开发中走在前列。金融是现代经济的核心，资金是市场经济的血液。我们热忱希望海内外的金融机构和金融组织，把握难得的重大历史机遇，积极支持四川经济社会发展，实现合作发展、互利共赢。我们将在注重发挥金融对经济社会发展支持作用的同时，更加重视金融产业的发展，将金融业作为重要的支柱产业，努力改善金融发展环境，完善政策措施，搭建服务平台，大力推进信用评级、资产评估、投资咨询等金融中介组织发展，竭诚做好各项服务工作。为更好发挥金融在经济发展中的重要作用，实现经济金融共赢发展，在此提出六点建议。

第一，对西部地区实施倾斜性、差别化的金融政策。在坚持以总量调控为主的统一货币政策的前提下，对西部地区实施差别化的货币政策工具和优惠信贷政策，进一步增加对西部的再贷款限额，加强对商业银行资金流向的引导，为满足西部地区跨越式发展对信贷资金的需求创造良好条件。采取特殊的扶持政策，加大对藏区等民族地区农信社的扶持。采取倾斜的监管准入政策，发展壮大西部地区地方性金融机构。各商业银行总行适当增加西部地区分支行的授权额度，增强其经营自主权。

第二，进一步健全完善各类金融机构和金融服务组织体系。积极支持西部地区引进和发展各类金融机构，支持银行、保险、证券等各类内外资金融机构落户西部，在西部设立区域性总部、法人机构或分支机构。支持西部大力发展村镇银行、贷款公司、资金互助社等新型农村金融机构和小额贷款公司等准金融组织。对西部探索和发展股权投资基金、创业投资基金等多种基金的发展，给予更多的政策支持。

第三，支持西部地区培育发展资本市场和保险市场。支持西部地区拓宽直接融资渠道，扩大直接融资比例。加大西部企业上市后备资源培育力度，推动条件成熟企业加快上市进程，支持企业到主板、创业板和海外市场上市融资。支持西部上市公司通过并购重组、资产注入、整体上市等方式整合资源，促进产业融合和结构升级。支持西部企业利用企业债、短期融资券、中期票据和公司债等在银行间市场融资。

第四，积极推动西部地区金融发展创新。大力支持西部金融机构加快信贷产品和服务方式创新，推进西部金融市场和业务创新，加快西部保险服务创新，在西部地区开展国家金融创新试点，同时支持西部地区探索各种形式的金融创新试点。

第五，大力支持成都西部金融中心建设。成都作为四川的政治、经济和文化中心，是连接华中、西北、西南的天然纽带，1993年被国务院确定为西南地区的金融中心。经过十多年快速发展，成都已成为西部省会城市中金融机构种类最齐全、数量最多的城市。根据成都实际情况，我们规划成都西部金融中心与北京、上海等全国性金融中心错位发展，争取到2012年初步把成都打造成为西部金融机构中心、西部金融市场中心和金融后台服务中心。恳请国家有关部委和各金融机构总部给予我们大力支持。

第六，积极支持地震灾区发展振兴。灾后恢复重建基本完成后，推动灾区经济社会持续发展成为紧迫问题。希望各方面继续给予大力支持，帮助灾区优化提升产业结构，发展壮大特色优势产业，提高防灾减灾能力，提高人民生活水平，促进灾区发展振兴。

女士们、先生们，随着西部大开发向纵深推进，金融业将迎来更大的空间和舞台，将发挥更加重要的作用。让我们一起抓住机遇，乘势而上，加快金融支持西部经济的步伐，共谋跨越式发展，共创更加辉煌灿烂的明天！

祝第一届中国西部金融论坛圆满成功！

祝各位嘉宾、各位朋友身体健康、万事如意！

谢谢大家！

抓住西部大开发新机遇
促进西部金融产业又好又快发展

全国人大常委会副委员长、民建中央主席 陈昌智

尊敬的各位来宾，
女士们、先生们：

下午好！

首先，我对中国西部金融论坛的首次召开表示热烈的祝贺，向与会的各位嘉宾、各位新老朋友致以诚挚的问候！

我今天的发言讲四个问题。

第一，先谈一点感想。

在全国西部大开发工作会议之后，在中央对西部大开发新十年作出战略部署之际，我国主要金融主管部门在西部举办中国西部金融论坛，学习领会中央有关西部大开发决策部署的精神，探寻西部地区未来金融业的发展之路，建立西部金融业和全国及国际金融界的合作平台，这对于加快推进西部金融中心建设，促进西部乃至全国经济又好又快的发展，具有重要意义。

对我个人来讲，这是我第三次参加"西博会"。我记得去年的"西博会"期间四川省人民政府主办，由四川大学经济发展研究院等单位承办了首届西部国际资本论坛，对推动国际资本与西部企业的合作发挥了有益的作用。今年，在中国人民银行、中国银监会、中国证监会、中国保监会的领导和支持下，将西部国际资本论坛和与金融相关的会议整合并提升为中国西部金融论坛，这是一个很好的

尝试。西部金融论坛为国际金融界参与西部开发提供了平台，为国内外金融界的沟通交流提供了平台，为西部企业融资和地方政府招商引资提供了平台，也丰富了西博会内容并加强了国际化色彩。希望各组织机构，精心谋划，通力协作，共同打造西部高规格、高质量，并具有国际影响的高端金融论坛。

第二，谈谈西部大开发与金融支持的关系。

毫无疑问，西部大开发需要金融的支持，而且需要金融创新的支持。

西部大开发是党中央、国务院十年前着眼全局作出的战略决策。回眸过往，西部大开发已经走过整整十年的光阴，并取得了辉煌成就。过去的十年中，西部地区的产业结构不断调整与优化，基础设施建设取得了突破性的进展，生态环境保护取得了显著的成效，人民生活水平和城市面貌也发生了历史性的变化。

——过去十年，西部的国民生产总值从 2000 年的 1.67 万亿增加到 2009 年的 6.69 万亿元，年平均增长 12%，高于中部和东北地区的增长速度；

——过去十年，西部的财政收入由 1127 亿元增加到 6055 亿元，年平均增长近 20%；

——过去十年，西部的固定资产投资由 6111 亿元增加到 49662 亿元，年平均增长 22.9%；

——过去十年，西部地区进出口总额年平均增长 20.9%，高于东部地区 1.1 个百分点。

在 2007 年和 2008 年，虽然爆发了国际金融危机和"5·12"特大地震，但在党中央、国务院的领导下，西部地区经济社会发展经受住了考验，并取得了新的成就。经济增长方面，虽然西部与东部、中部地区一样出现了下滑，但幅度明显小于东部地区。2008 年和 2009 年两年，东部地区增长速度累计下滑 3.86 个百分点，而西部地区仅下滑 1.16 个百分点。西部经济快速发展的同时，社会面貌也得到了很大的改善，人民群众生活安定，各民族同胞和谐共处，社会保障体系不断完善。

西部大开发过去十年取得的成就，离不开金融的支持。

金融是现代经济的核心，是一个经济体自身运行的血液。从大的方面来讲，没有金融的世界一体化，就没有世界经济的一体化；从小的方面来讲，没有现代金融业的发展与支持，就没有现代企业的成长与发展。

在过去的十年中，西部地区金融业也得到了突飞猛进的发展。十年来，西部地区金融产品和服务方式不断创新，信贷总量大幅增加，增长速度持续提升，重点支持了交通、通信、水利、电力、石油、天然气、生态环境保护等基础设施及大、中型项目建设，农业信贷投入和中小企业融资持续加大。仅 2009 年，中央银行就增加对西部地区和粮食主产区支农再贷款额度 100 亿元。此外，银行业、证券业、保险业在支持西部外贸出口、优化产业结构、保增长促就业等方面发挥了积极作用。

根据中央银行的数据统计，截至 2009 年年末，西部地区银行业金融机构总数占全国的 27%，从业人数占 23%，资产总额占 17%。农村信用社和新型农村金融机构发展速度加快，2009 年西部地区农村信用社资产规模同比增长 13.9%，在很大程度上提高了农村金融服务覆盖率，缓解了农村金融服务不足的问题。

据我了解，西部存款量增加较多。2009 年年末，西部地区本外币各项存款余额为 10.3 万亿元，同比增长 31.4%，位居四大区域第一。在新增的居民储蓄存款和企业存款中，活期存款占 68.3%，相对较高，这说明居民和企业的投资意愿进一步加强。

同时，西部贷款量增速也明显加快。去年一年，西部地区本外币各项贷款余额 7.2 万亿，同比增长 37.9%，增速位居四大区域之首。

西部地区在金融创新方面也有很大发展，金融产品不断丰富，金融机构和各类金融人才，特别是国际型、创新型金融人才不断向西部聚集。

此外，西部地区的证券业、西部地区的资本市场也得到了快速的发展。截至去年年末，西部地区上市公司总数达到 304 家，占据全国的 17.7%。另外，全国私募股权投资基金和基金管理公司发展很快，西部受到了国际资本前所未有的关注。许多国际国内的资本机构纷纷在西部落户或投资，西部已成为投资的新热点。西部的要素市场也在不断发展和完善。

今年是西部大开发新十年的开始，国家将一如既往地支持西部地区经济发展，而且政策优惠力度将进一步加大。"十二五"期间，中共中央在重大建设项目上继续向西部地区倾斜，在转移支付和投资安排上还是继续向西部地区倾斜。在此大好的发展环境和历史背景下，西部大开发的新十年必将迎来西部地区金融业又好又快发展的新十年。

因此，我的结论是，西部大开发离不开金融的支持，离不开金融的服务。金融业要坚定地按照党中央、国务院的部署，树立起服务西部大开发、推动西部经济发展的决心和理念。同时，西部大开发也为金融业在西部的发展提供了前所未有的历史机遇。金融业要很好地把握这一机遇，加强交流、促进合作、积极创新，推动金融业在西部获得又好又快发展。

第三，谈谈关于西部金融业存在的问题。

在过去的十年，虽然西部地区金融业的发展取得了巨大的成就，但我们也不能不审视所存在的问题和不足之处。总体上来看，就金融业而言，西部地区与东部地区的差距仍然存在，主要体现在以下几个方面：

一是西部金融机构发育程度和聚集程度仍然不高。其中大型国有金融机构仍占据大部分市场份额，其他金融机构发展比较缓慢。在国有商业银行等我国正规金融构成体系中，除受制度安排平均布点的城市商业银行和合作制小银行外，其他股份制银行还很少把总部设在西部。

二是西部证券市场发展还较薄弱，要素市场还很不健全，有的要素市场甚至还是空白。虽然从数据统计来看，近几年西部地区证券业发展纵向对比增速较快，但与东部地区横向相比，无论是上市公司数量还是证券市场的筹集资金额，西部地区仍存在很大的差距。截至 2009 年年末，东部地区企业上市占据全国总数的 59.6%，而西部只占到 17.7%。同样，国内债券融资也存在明显的差距，东部、中部、西部和东北四大区域，2009 年年末债券融资占比分别为 79.9%、9.4%、6.5% 和 4.2%，由此可以看出，与东部的差距还是相当的明显，同时也说明存在很大的上升空间和发展潜力。

三是西部保险业尚需加大发展的力度。截至去年年末，全国保险公司达到 138 家，网点 3.7 万个，总部设在东部地区的为 82.5 家，而设在西部地区的仅有 7 家，保险密度总体水平偏低。从保险收入来看，西部地区保费收入仅为东部地区的三分之一，总量水平也存在不小的差距。

四是西部地区内部的发展也存在很大的不平衡。西部经济发展不平衡，产业的分布不合理，农业基础脆弱，农业劳动生产率低、效益差，农业产业化处于初始状态，加上人口众多，城市发展极不平衡。西部地区的十二个省、市和自治区中，四川和重庆在经济和金融业发展程度上占据绝对的优势，仅这两个地区就占据了西部上市公司的半壁江山。

女士们、先生们，虽然西部地区金融业的发展存在着一些现实的问题，但是西部大开发新十年的到来，也给西部金融业的发展带来了良好的机遇。中央对西部新十年开发高度重视，制定了西部地区产业发展政策，其中明确了发展金融产业的重要性和迫切性，突出强调了要完善西部地区金融组织体系。中央各部门和西部地区也相继出台了配套措施，为西部地区新发展创造了良好的外围环境。西部各级政府、西部金融业，包括金融管理部门和各类金融机构，要正确认识、妥善处理、尽快克服存在的问题，推动西部金融业又好又快发展。

为此，我要谈的第四个问题，是提出几点建议。

金融产业作为第三产业，对促进地区经济、缩小东西部差距具有重要的引擎作用，因此，对于进一步发展西部金融产业，促进经济社会发展，我简要地谈三点建议。

（1）优化信贷结构，防范金融风险。

由于经济发展的客观原因，现阶段西部大部分地区产业结构比较单一，地区经济发展不平衡，各银行等相关金融机构可贷项目资源相对较少，因此，在很大程度上难免会出现贷款地域、贷款产业和贷款期限相对集中的问题。这种情况必定使得信贷的投放产生同质化趋势，不利于信贷结构调整和金融机构分散风险。特别是我国近几年房地产市场发展迅速，巨大的刚性需求与投资炒作，使得房地产价格步步高升。而今，大部分银行的很多贷款都直接或者间接地与房地产市场有关，甚至有些金融机构不严格执行国家的相关调控政策，无节制地发放房地产相关贷款，进而出现中央出台政策力度大，但调控效果差的现象。这种现象的产生，一是让政府的公信力受到挑战，二是过多的房地产贷款投放将来会给各金融机构带来很大的安全隐患。

为此，在新的发展形势下，各级政府就要统筹配置信贷资源，在保证中央投资项目和地方重点项目配套贷款的同时，还应注意支持地方金融机构拓展业务和金融产品创新，多途径合理分散信贷风险，有效发挥金融业的发展对区域经济增长的拉动作用，并实现金融产业的又好又快发展。同时，各级政府、金融机构要增强风险意识，建立必要的金融风险预警系统，时刻牢记防范金融风险。这一点，美国的次贷危机已经给了我们很好的警示。

（2）改变发展理念，合理创新，着重发展"绿色金融"。

所谓"绿色金融"，其内涵一是金融产业自身的可持续发展，二是金融产业资金的流向更加注重产业的环保和经济、社会的可持续发展。

金融发展离不开手段的创新，但创新不能是无节制的，过度的创新会给金融乃至经济的安全带来巨大的隐患。我们应该在现有发展的基础上，立足于服务地方实体经济，要服从投资者的长期利益和风险承受能力，合理加大创新的力度，保持金融业自身的可持续发展。同时，金融业的发展要以培育特色优势产业为龙头，加大对农牧业、现代工业和服务业的金融支持力度，加快构建现代化产业体系，使西部地区资源优势转变为经济优势。

近几年，国家一直致力于发展方式的转变和经济结构的调整，着力推进低碳、环保类型的产业发展，加快发展绿色经济、循环经济和低碳经济。作为发展资金来源的主要源头，金融业的资金流向对实体产业的发展方向具有重要的引导

意义。因此，金融业不单单具有自己的经济目标，也应该承担一定的社会责任，从而为促进经济社会的可持续发展作出自己应有的贡献和发挥积极作用。

（3）加大与国际金融业的合作，特别是加强与国际金融组织和国际资本机构的合作，重视风险投资与私募股权基金在西部地区的发展。

西部金融机构可以放宽发展视野，在保证自身发展安全的同时，积极引进外部资本加入。此举不但对于金融业，而且对于西部的经济发展也大有裨益。为此，要充分宣传自身的优势，充分展示西部的投资潜力。

同时，对于风险投资（VC）和私募股投资基金（PE）的发展，要引起我们足够的重视。VC和PE的发展，不但可以在很大程度上解决中小企业融资难的问题，而且可以促使企业形成良好的内部治理结构；不但会对优化与完善西部地区证券、金融业的结构起到促进作用，而且对于实体经济的发展也将产生巨大的推动作用。

对于国际资本的相关问题，论坛组委会明天还将专门举办"国际资本分论坛"，大家可以在论坛上作更深入的讨论。

最后，我预祝本届论坛取得圆满成功。

谢谢大家。

在第一届中国西部金融论坛上的讲话

全国社会保障基金理事会理事长　戴相龙

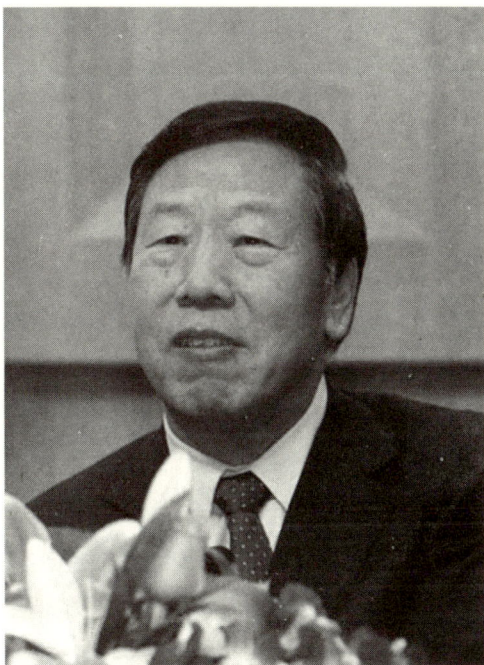

尊敬的各位来宾,

女士们、先生们:

下午好!

在党的十七届五中全会闭幕后的第 4 天,第一届中国西部金融论坛在成都隆重召开。这是贯彻今年 7 月全国西部大开发工作会议精神的重要措施。通过这次论坛,总结十年来西部金融服务的经验,按照十七届五中全会的精神,研究和提出今后 5～10 年西部金融服务的方向、目标和主要措施,这对于促进西部大开发,全面建成小康社会具有重要意义。

2002 年 2 月 27 日,在我任中国人民银行行长时,人民银行在西安主持召开了"西部大开发金融服务座谈会",全国性国有金融机构负责人都出席了会议。在会议讲话中,我曾提出做好西部金融服务要正确处理五个关系,实施八项措施。虽然当年底,我离开人民银行,到天津市政府工作,但对西部金融服务问题,我一直比较关注,并应邀参加这次论坛。有关西部金融服务,"一行三会"领导会有很好的意见。我下面说几点,仅供讨论参考。

一、充分肯定十年来西部金融服务工作所取得的显著成效

十年来,西部金融系统认真贯彻党和国家的经济工作指导思想和金融工作方

针政策，结合本地实际，克服众多东部地区不存在的困难，努力改善金融服务，为西部地区经济和社会的发展作出了贡献。人民银行加大对西部金融机构再贷款力度，金融监管部门增设了新的金融机构，各类金融企业都加大了对西部地区金融支持力度。西部地区本外币贷款，2000 年为 1.7 万亿元，2009 年上升到 7.2 万亿元，增长 3.2 倍，年均增长速度超过中部、东北地区。2009 年，西部地区本外币贷款增长 37.8%，高于东部和中部地区。2009 年来，西部国内上市公司数量占全国的 17.8%，比 10 年前所占比例有所上升。2009 年，全年保费收入占全国的 18.1%，增速高于全国平均水平 2.3 个百分点。2000 年到 2009 年，西部 GDP 年均增长 11.9%，每年增速都高于全国水平。取得这个成绩，是党和国家的支持，是西部党政干部和广大人民努力奋斗的结果，也是西部金融系统广大干部和职工努力服务的结果。但是，也要看到西部金融服务存在的问题，我认为，主要是金融服务功能尚需加强，支持力度还应加大，金融服务质量尚需进一步提高。

二、"十二五"时期西部金融服务指导思想和主要任务

讨论和确定"十二五"时期西部金融服务指导思想和主要任务，要认真贯彻和落实党的十七届五中全会精神，认真贯彻和落实今年 7 月全国西部大开发座谈会提出的任务，以科学发展为主题，以转变经济增长方式为主线，促进西部经济和社会发展。要着重完善西部金融服务体系，扩大直接融资和间接融资，发展保险业务，全面增强对西部地区的金融服务功能；要加大信贷、保险、直接融资支持力度，使其增长较多超过全国增长水平；要对西部基础设施建设，各种产业发展、区域经济发展、城镇化建设和对外开放提供差别特定服务，努力提高资金使用效益，使其效益明显好于自身前五年的水平；要全面加大对金融机构的基础设施建设，提高人员素质水平，为改进和提高西部金融服务水平创造条件。

三、扩大直接融资，提高西部地区社会资本形成能力

2009 年，西部工业企业资本资产负债率为 61.71%，分别比全国、东、中和东北地区高出 2.51、3.79、1.36、1.22 个百分点。如果严格执行会计准则，各地区资产负债率还会有所提高。资本不足，既不利于提高对西部丰富资源和特色产业的开发，也不利于扩大信贷投入。我认为，今后五年，西部金融服务要在扩大直接融资比例上有新突破。在扩大各级政府投资、更多吸引外资、促使企业扩大积累的同时，要充分发挥投资银行、资产管理等金融中介组织作用，增加西部

地区社会资本形成能力。

一是在符合相关规定和同等条件下，对西部企业上市和再融资给予优先。

二是鼓励西部地区企业集团发行企业债券和公司债券，短期融资券和中期票据以及中小企业集合债券。

三是建议有关部门抓紧制定和上报审定"股权投资基金管理办法"。鉴于中国国土辽阔，我认为应允许省、市、自治区有权核准成立基金投资管理公司，管理各有特色的基金，并建议国务院有关部门对西部地区上报基金管理公司的核准、备案给予支持。

四是积极扶持西部已成立的产权交易所，为西部产权交易提供平台，创造条件，在西部经济中心城市设立未上市公众公司的股权柜台交易市场。

五是支持西部更多设立金融租赁公司。促进西部现有企业更新设备，支持新设工商企业用租赁设备方式减少资本筹集的压力。

四、扩大间接融资，为各类企业提供更为有效的服务

金融企业要按有关规定提供共性的金融服务。同时，这些金融企业应该因地制宜，因对象而变，为西部提供更有特色、更有效的服务。

一是以国家开发银行为代表的以提供中长期信贷为主的大型银行和农业发展银行等政策性银行，要为西部地区提供开发性金融服务，即不以支持某一行业、某一产品为主，而是通过基础设施贷款，改善城乡交通运输、水电等投资环境，为境内外投资人开发自然资源和举办工商企业创造条件。

二是大中型商业银行应该支持发展大中型企业集团，为促进工商业跨地区生产经营创造条件，提高有特色产业的市场竞争水平。

三是按"分类指导、区别对待"原则推进农村信用社改革。西部大部分农村信用社应坚持合作金融机构发展的方向，探讨农村存款用于农村农业的方式。"十二五"规划建议提出，要把集体土地增值和农业存款用于农村农业。我建议，西部地区应大力扶持合作加工企业，把大宗农产品的加工利润和销货利润返还农民，同时，建议在西部开办合作经济学院，培养合作经济管理人才。

五、改革创新，支持西部城市群发展和对外开放

从全国讲，西部12个省市区，称西部地区，但西部地区各省市发展也不平衡，一个省、区内各地发展也不平衡。经国务院及有关部门批准，国家制定了成渝地区、重庆两江新区、关天地区、广西北部湾等重点区域发展规划。国家最近

提出把新疆喀什、伊犁州霍尔果斯作为国家级经济特区。我建议，西部地区各省"一行三会"和金融企业应加强交流和合作，全面了解国家和省市区制定的区域发展规划，不断创新业务品种，提高综合服务能力，适应和支持城市群的发展。最近几年，西部省、区、市或其直辖市和东、中部一样，设立了城市基础设施投资公司和土地收购整顿公司、在执行城市发展规划和土地利用规划前提下，收购和整理土地，进行市政建设，在土地市场对经营性土地实行"招、拍、挂"，吸引国内外投资发展工商业。对这种公司的投资运作要进行总结规范，通过合规适度融资，促进西部中小城市发展。

六、发挥社保基金在西部大开发中的作用

全国社会保障基金是中央政府集中的社会保障储备基金。全国社保基金的30%可用于对未上市公司进行股权投资和投资于股权投资基金。现在，社保基金有8000亿元，到2015年可能超过1.5万亿元。社保基金投资能力会日益扩大。但目前规定，对企业股权投资，限于中央企业，对股权投资基金，限于经国家发改委核准和备案的基金。社保基金会可通过投资设在西部的中央企业及子公司，支持西部开发，或引导现有基金管理公司，将基金一部分投资西部。随着今后对社保基金投资范围的逐步放宽，全国社保基金会进一步扩大对西部的投资。"十二五"规划的建议提出要积极稳妥进行养老基金的投资运营。今后，社保基金会还可以接受西部省区市的委托，管理地方养老金，为地方社保基金保值增值提供服务。

谢谢大家！

发挥保险功能作用
支持新一轮西部大开发

中国保监会主席　吴定富

尊敬的各位来宾，
女士们、先生们：

大家下午好！

很高兴参加第一届中国西部金融论坛。

十年来，在党中央、国务院的正确领导和全国大力支持下，在西部地区广大人民群众的不懈努力下，西部大开发取得巨大成就，为经济社会协调发展作出突出贡献。四川省委、省政府团结带领全省人民，把握西部大开发重大历史机遇，坚持不懈推进跨越式发展，取得了令人瞩目的发展成就。特别是成功应对"5·12"汶川特大地震和国际金融危机影响，加快建设灾后美好新家园，谱写了崛起危难、坚强奋进的辉煌篇章。

刚刚召开的十七届五中全会，对未来5年经济、社会、民生等各方面建设进行了战略部署，为下一阶段我国发展描绘了宏伟蓝图。在这样的背景下，举办西部金融论坛，共同探讨如何加大金融支持和金融创新力度，更好地服务新一轮西部大开发，对于推动西部大开发各项任务的深入实施和各项目标的全面实现，具有十分重要的意义。

现在，我就保险业服务西部大开发的问题，谈几点想法，与大家交流。

一、全力支持国家新一轮西部大开发是保险业的重要任务

近年来保险业改革发展的一条基本经验，就是始终围绕经济社会发展全局，

坚持"想全局、干本行，干好本行、服务全局"，在服务经济社会建设中实现行业自身发展。新一轮西部大开发的全面实施，需要保险业进一步认识西部大开发战略的新目标和新任务，更加主动地投身到西部大开发的伟大实践中。

（一）支持西部大开发是保险业贯彻中央决策部署的行业责任

深入实施西部大开发战略是党中央、国务院审时度势作出的重大决策。西部大开发在我国区域协调发展总体战略中具有优先地位，在促进社会和谐中具有基础地位，在实现可持续发展中具有特殊地位。西部大开发工作会议召开之后，全国上下掀起支持新一轮西部大开发的热潮。保险业作为现代金融体系和社会保障体系的重要组成部分，在促进区域协调发展方面，可以而且应该发挥积极作用。

（二）支持西部大开发是保险业服务经济社会发展的重要体现

十年来，保险业结合行业特点，通过支持机构发展、鼓励产品服务创新等多种方式，促进适应西部地区实际的农业保险、小额保险、工程保险等发展，在服务西部大开发战略方面取得了积极成效。与东部地区相比，西部地区的发展水平仍有不小差距，面临的矛盾和问题仍比较突出。保险业服务经济社会全局，不仅要重视为发达地区、优势产业和先富群体服务，也要重视为欠发达地区、比较困难的行业和低收入群体服务，不仅要"锦上添花"，更要"雪中送炭"。

（三）支持西部大开发是保险业实现自身科学发展的客观要求

受历史原因和客观条件影响，我国不同地区保险业发展水平还不平衡、不协调，西部地区保险业在业务规模、服务能力等方面还有较大发展空间。西部大开发的深入实施，对保险业提出了更高要求，也为保险业发展提供了良好机遇。在新一轮西部大开发中，保险业将紧紧抓住国家能源工业向中西部转移、西部地区经济快速发展、大力兴建重大特色产业项目的契机，不断拓宽服务领域，探索创新服务模式，在助推西部地区发展的同时，实现自身的良好发展。

二、保险业在服务新一轮西部大开发中大有可为

一些发达国家的实践证明，保险业在区域开发战略实施过程中积极跟进，可以充分发挥保险的"经济助推器"和"社会稳定器"作用。从我国国情和保险业发展实际看，在新一轮西部大开发中，保险业可以在更大范围和更广领域发挥更加积极的作用。

（一）在促进西部地区加快发展上发挥更大作用

一是保障经济稳定运行。西部地区自然灾害严重，特别是近年来地震、干

旱、雪灾、水灾等自然灾害频发。保险业通过发挥经济补偿功能,为受灾地区的人民群众和企业提供及时赔款与给付,可以有效保障经济社会和人民群众生产生活的稳定。二是支持重点建设。西部大开发需要庞大的资金支持,保险资金具有长期性、稳定性的特点,可以为西部经济建设提供大量资金来源。随着新《保险法》的颁布实施,保险资金运用渠道得到进一步拓宽,保险资金可以投资基础设施、不动产和未上市企业股权等,为保险业支持西部大开发建设搭建了更为广阔的平台。三是支持出口和对外贸易。通过出口信用保险,促进西部地区发展出口贸易,推动外贸结构调整。

（二）在服务西部地区民生保障上发挥更大作用

保险业可以通过深度参与西部地区社会保障体系建设和新农村建设,为保障西部地区民生、促进公共服务能力提升作出积极贡献。通过大力发展农业保险,扩大农作物和牲畜保险覆盖面,更好保障农民生产。通过推广小额人身保险,为低收入人群提供保费少、保额低的保险服务。通过发展养老和医疗保险,积极参与社会保障体系建设。

（三）在维护西部地区社会稳定上发挥更大作用

保险是通过经济杠杆管理和化解社会矛盾的有效途径,在降低社会管理成本、提高社会管理效率、促进社会稳定方面具有积极作用。加快西部地区治安保险和相关领域责任保险发展,可以促进西部地区加强平安建设,有效化解社会纠纷,减轻政府在安全生产、工程建设、道路交通、校园安全、旅游安全等领域重大事故的管理责任和处理压力,有利于加强民族团结、维护社会稳定。

（四）在推动西部地区生态建设上发挥更大作用

加强环境保护,加快构建安全高效的国家生态安全屏障,是党中央、国务院对西部大开发作出的明确要求。当前,利用保险这种治理环境风险的金融工具,以社会化、市场化途径解决环境损害问题,已经成为一种趋势。通过在西部地区加快探索发展环境污染责任保险,对于迅速应对环境污染突发事件,提升环境保护管理水平,促进西部地区实现可持续发展,具有重要意义。

三、始终坚持大局意识,进一步加大对西部大开发的支持力度

近年来,保险业发生深刻变化,整体实力明显增强,服务领域不断拓宽,社会的保险意识显著提高,为保险业更好地服务经济社会发展和西部大开发奠定了坚实基础。当前和今后一个时期是保险业快速发展时期,保险业将坚决贯彻党中

央、国务院决策部署，按照西部大开发工作会议精神要求，认真履行职责，抓好各项任务和政策措施的落实，以实际行动切实服务支持西部大开发战略。

（一）科学制定规划，找准保险业支持西部大开发的切入点

认真贯彻落实十七届五中全会精神，研究制定保险业"十二五"发展规划，将保险业支持西部大开发与行业加快结构调整和发展方式转变、提升服务经济社会全局的能力结合起来。按照中央《关于深入实施西部大开发战略的若干意见》的要求，围绕西部大开发战略的重大任务、重点工程和重要项目，制定保险业支持新一轮西部大开发的具体方案和实施细则。

（二）支持鼓励创新，提升保险业服务西部大开发的深度和广度

支持西部地区保险业改革开放和创新发展先行先试，通过创新提高保险业在西部大开发中的渗透度和覆盖面。本着因地制宜的原则，围绕国家西部大开发的新政策，围绕西部地区经济和社会生活的重大变化，围绕城乡居民的消费习惯和消费热点，鼓励开展制度创新、组织创新、业务创新和服务创新，逐步形成以社会需求为导向的保险创新体系。

（三）加强政策引导，支持西部地区重点建设

当前，西部地区基础设施建设正如火如荼。"五横四纵四出境"的综合交通网络建设、一批骨干水利工程和重点水利枢纽工程建设、综合信息基础设施建设等已经全面展开。在符合法律法规、有效防范风险和满足资产负债匹配需要的前提下，进一步支持保险业以债权、股权等多种形式，投资基础设施等重点项目。同时，充分发挥风险管理和经济补偿功能，为建筑工程、设备和施工人员提供优质保险服务。

（四）加大扶持力度，促进西部地区保险业加快发展

支持西部地区建设多层次的保险市场体系，加快引进各类保险分支机构，培育健康和有活力的市场主体，不断健全西部地区保险市场的内生增长机制。引导和鼓励优秀保险人才投身西部保险事业，支持西部地区保险人才队伍建设。加强与西部各省区政府的沟通协调，为保险业发展创造良好外部环境。

最后，预祝论坛取得圆满成功！

谢谢大家！

西部大开发中的金融发展与深化

中国人民银行副行长　马德伦

尊敬的陈昌智副委员长，
尊敬的刘奇葆书记，
尊敬的蒋巨峰省长，
尊敬的各位领导、各位来宾，
女士们、先生们：

　　金秋十月，丹桂飘香。非常高兴与大家相聚在天府之国，相聚在美丽的蓉城。我谨代表中国人民银行对第一届中国西部金融论坛的顺利召开表示热烈祝贺，同时，对参会的各位嘉宾和朋友表示真诚的问候！

　　西部大开发战略实施十年来，西部各省（市、区）抓住机遇，充分发掘自身潜在优势，经济社会取得了显著成就。2000—2009 年，西部地区生产总值从 1.67 万亿元增加到 6.69 万亿元，年均增长 11.9%，高于全国同期增速；地区生产总值在全国的比重从 17.1% 上升至 18.5%。在此期间，西部地区建成一大批交通、水利、能源及化工等重大项目，基础设施和基础产业建设取得突破性进展，发展条件明显改善，尤其是成渝、关中、北部湾等重点经济区日益成为引领和带动西部大开发的战略高地。与此同时，西部的教育、医疗、文化、就业和社会保障事业全面发展，人民生活水平不断提高。2009 年，西部地区城乡居民收入分别是 10 年前的 2.7 倍和 2.3 倍，贫困人口比 10 年前减少近 60%。西部大开发为实现我国区域经济的协调发展奠定了坚实的基础。

西部大开发与金融业的发展相辅相成、相互促进。回顾十年的西部大开发历程，金融业在其中发挥了重要的作用。从货币信贷政策来看，人民银行综合运用货币政策工具和信贷指导政策，增加西部地区再贷款（再贴现）限额，并对西部民族地区实行优惠的货币信贷政策，较好地满足了西部地区基础设施建设、生态环保项目、特色优势产业和民族区域经济发展中的资金需求，为加快西部区域经济发展和改善民生发挥了积极作用。从金融产业发展来看，随着国有商业银行的股改上市、中小型金融机构发展壮大、外资金融机构的积极引入以及新型农村金融机构的设立，西部金融产业发展的微观基础不断夯实，对西部的信贷投放力度日趋加强。与此同时，西部地区证券保险业迅速发展，使企业融资渠道日益拓宽，融资结构趋于优化。从金融产品与服务创新来看，西部地区不断探索，涌现出了不少金融创新产品，有力地支持了区域经济发展。如成都市周边地区积极探索的经济林木、花卉担保等融资模式，尤其是 2007 年《物权法》出台以后，应收账款、存货、牲畜活物等动产担保创新，全国首批消费信贷公司也花落成都，这些都极大地缓解了"贷款难、难贷款"等长期困扰农村经济、民营经济发展的难题。从金融基础设施建设来看，10 年来，西部地区加快现代化支付系统和信用体系建设步伐，促进了资金融通效率的提高。

回首过去，展望未来。受国际金融危机冲击影响，当前的国际国内环境仍处于深刻的变化之中，我国经济实现平稳较快发展还面临不少困难和挑战。从西部的情况来看，经济基础薄弱，与东部地区发展水平差距仍然较大，促进经济又好又快发展的任务更为艰巨。最近召开的十七届五中全会指出："加快转变经济发展方式是我国经济社会领域的一场深刻变革，必须贯穿经济社会发展全过程和各领域。"而扩大内需、改善民生、促进区域协调发展是转变经济发展方式的重要内容。西部地区具有巨大的市场需求和发展潜力，进一步推进西部大开发，不仅是我国扩大内需的必然要求，而且是促进经济结构调整和区域经济协调发展，最终实现包容性增长的战略方向。

"十二五"时期是我国全面建设小康社会的关键时期，也是深入推进西部大开发的关键时期。在新的时代背景下，西部大开发对金融资源配置的优化、金融服务的延伸提出了新的要求。为更好地发挥金融在推动西部大开发中的重要作用，应进一步健全金融运行机制，加快金融创新步伐，提升金融服务水平。

一、围绕突出重点和优势带动发展原则，支持重点区域和特色优势产业发展

要承担起支持区域社会经济发展的使命，金融机构应把握西部大开发中梯级

推进的发展格局，突出重点和优势，支持重点区域和特色产业的发展。一是要重点支持成渝、关中、北部湾经济区，将这三大区域建设成为中国未来经济发展的新的增长极，并带动和辐射西部更广大市场的开发开放。二是充分发挥西部特有的资源禀赋和产业优势，加大对能源电力、有色金属、装备制造和农产品加工等特色优势产业的支持力度，进一步促进西部地区产业升级。三是提高重大项目和重点产业的金融服务水平，从国计民生的高度，积极推动重点企业开展自主创新和结构调整，增强西部区域经济发展的核心竞争力。

二、以转变经济增长方式为契机，进一步发挥金融在促进经济结构调整中的积极作用

全球经济发展的历史表明，经济结构的调整和升级中往往离不开金融创新的巨大引导作用。为此，一是将承接产业转移与产业升级有机结合，进一步加大对循环经济、环境保护和节能减排技术改造等承接项目的支持力度，对不符合产业政策和环保政策的企业和项目进行限制和控制，实现产业结构的优化调整。二是充分发挥以"碳金融"为核心的金融杠杆作用，借助金融风险管理技术和市场机制，将环境风险融入金融风险，实现企业发展环境成本内部化。

三、以完善金融组织体系为重点，满足西部统筹城乡发展中多层次的金融需求

西部各省区的金融需求具有多层次特征，需要进一步完善城乡金融组织体系，满足西部经济发展中不同层次并且动态变化的金融需求。一是加强金融市场的基础设施建设，提高中小金融机构和农村地区金融交易水平，为城乡金融市场的一体化和服务体系的多元化提供支持。二是推动多层次资本市场建设，通过支持有条件的企业在证券交易市场上市，探索运用短期融资券、中期票据、企业债、股权投资基金等形式，拓宽融资渠道，形成适宜的直接融资和间接融资比例。三是继续深化农村金融改革，建立健全适应"三农"和县域经济特点的多层次、广覆盖、可持续的农村金融体系，满足农村地区不同层次的金融需求。

四、以"向西开放"战略为依托，继续加大金融支持民族边疆地区经济社会发展的力度

民族边疆地区的长治久安和共同富裕是全国各族人民的共同心愿。为促进民族边疆地区社会经济的跨越式发展，应继续加大金融的支持力度，继续保持西藏

等地区金融机构的优惠贷款利率和利差补贴等政策。加大政策性金融投资力度，继续扩大专项投资规模，着重向民生、社会事业、农牧业、边贸等领域倾斜。鼓励各类金融机构在西藏、新疆等民族边疆地区设立分支机构或服务网点。积极探索开展人民币跨境业务，不断推进西部地区开发开放。

朋友们，西部大开发既对金融业发展提出了更高的要求，更为金融产业发展提供了新的机遇。让我们携手共进，共同努力建设"经济繁荣、社会进步、生活安定、民族团结、山川秀美"的新西部！

最后，预祝本次论坛圆满成功！

谢谢大家！

全面践行科学发展观　积极支持西部大开发

中国银监会副主席　蔡鄂生

尊敬的各位领导，

女士们、先生们：

　　在实施西部大开发 10 周年之际，深入研讨充分发挥金融功能，促进西部地区跨越发展，意义重大，影响深远。实施西部大开发是一项国家战略，党和国家十分重视。胡锦涛总书记在今年召开的西部大开发工作会议上，明确强调西部大开发在我国区域协调发展总体战略中具有优先地位，在促进社会和谐中具有基础地位，在实现可持续发展中具有特殊地位。作为服务实体经济发展的金融服务行业，充分发挥其在现代经济中的作用，为实施西部大开发战略持续提供有序的金融支持责无旁贷。银行业要积极响应国家实施西部大开发的战略部署，紧紧抓住西部大开发这一难得的战略机遇，以更宽广的视野，更务实的行动，积极参与到西部大开发中去，通过支持西部大开发，进一步提高银行区域发展科学性，促进银行业实现全面协调可持续发展。中央十七届五中全会刚刚审议通过中共中央国

民经济和社会发展第十二个五年规划建议，提出了今后一个时期经济社会发展的战略目标，银行业要认真学习领会中央精神，按照"五个坚持"的要求，努力实现大力支持西部大开发以及自身的健康发展。

银监会自 2003 年成立以来，积极落实党中央、国务院关于实施西部大开发的部署，取得了一定成效。一是积极引导培育和发展西部地区的金融市场。银行业监管部门通过适当放宽标准、开辟绿色通道等多种方式鼓励和引导各类银行业金融机构到西部地区设立机构开展业务，持续提升核心竞争力。二是大力推动改进和加强对西部实体经济的信贷支持。鼓励银行业金融机构在坚持市场自主的原则下加大对西部地区的信贷投入，鼓励银行业金融机构加大对节能减排、环境保护等行业的基础改造、高新技术开发的信贷支持。大力发展政策信贷，推动西部地区产业结构调整和特色优势产业的发展，不断转变经济发展模式。三是提升基础服务的新杠杆作用。银监会明确 2009 年～2011 年在中西部 19 个省市区设立 853 家新型农村金融机构，在实施三年解决乡镇基础金融服务全覆盖的前提下，将西部地区作为重中之重，并将两个"不低于"作为要求。努力加大水利、林权等信贷投放，加大对农村的金融服务。推进加强小企业金融服务，创新小企业金融服务六项机制建设，加快小企业专业机构建设。小企业贷款增幅不低于当年的平均增幅，推动完善小企业信贷优惠和差异化监管等配套设施政策，营造良好的企业服务环境，增强西部地区广大人民群众平等利用金融服务的机会，改善生产生活的能力，监管部门要鼓励推动助学贷款，加大对教育的支持力度。

过去的十年，在党中央、国务院的正确领导和西部省市区政府及兄弟部门的大力支持下，银行业在服务西部方面作了一个探索。银行业携手西部共同发展还有很大的空间，在世界经济金融日益复杂、矛盾相互交织的背景下，西部地区及西部银行业既面临着挑战，也面临着重要的机遇。"十二五"期间银行业务必须要充分发挥金融杠杆的作用，积极支持西部地区实现跨越式发展和长治久安。

一、坚持推进西部地区发展

要结合我们的国情、自身的特点、自身风险和管理能力，主动提升自身发展战略，与国家西部大开发的总体战略吻合，实现银行业效益增长，与西部地区实际增长形成良性互动。支持西部地区的企业发挥地缘优势、文化优势，推动西部地区将资源优势转化为经济优势。要培育一批特色优势农产品产业，通过促进产业链整合，推动西部地区加强构建现代产业体系。要注重进一步深化改革开放，增强银行业为西部地区对外开放提供配套金融服务的意识和能力。要把握好机会，实现自身的科学发展。要继续推进提升基础金融服务均等化水平，增强西部地区人民群众科学利用金融工具、参与改革进程、共享改革成果的能力。各有关银行业金融机构要坚持战略意识，在商业可持续的基础上加大信贷资源配置向西部的倾斜力度。

二、加快转变发展方式

要倡导现代金融企业管理标准，通过助推西部跨越式发展，不断调整和优化发展模式，持续提升差异化、特色化、精品化发展水平。要大力提升社区金融服务水平，不断增强金融服务的覆盖性。更加专注于小企业真实需求的服务。银行业金融机构要完善功能定位和模式，加快培育新型农村金融机构，鼓励各类商业银行在农村设立机构和网点，力争 2011 年基本实现基础服务空白乡镇的全覆盖，推动实施健康和持续发展。要切实加强"三农"金融服务，加快构建科学的政策扶持机制，配合推动"三农"服务风险分担机制，提升银行业金融机构服务"三农"的意识、能力和水平。要创新"三农"服务产品和手段，提高农村金融的覆盖性和满意度。要继续推进大中型商业银行小企业金融服务专营机构的建设，优化业务管理流程。解决小企业融资难的问题。

三、切实做好风险防控

从目前初步掌握的情况看，平台公司贷款的风险整体是可掌控的，长期来看银行业要帮助提升控制风险的能力，要帮助化解房地产市场风险。中国虽然不会出现美国式的次贷危机，但在未来一段时期如何贯彻落实好国家政策，有效控制房地产信贷风险，是我国银行业无法回避的重要课题之一。产业结构调整势在必行，要密切关注产业结构调整产生的风险，其风险将直接反映在商业银行资产负债表上。要采取措施确保信贷风险的有效防范。这些对西部银行业的任务更加艰巨。

此外，人才资源是第一资源，也是西部地区可持续科学发展的瓶颈之一。银行业必须千方百计吸引人才，培养人才，留住人才，用好人才，进一步创新体制机制，为有识之士到西部贡献才智营造更好的环境。

西部大开发战略的实施为我国国民经济实现全面、协调、可持续发展，为银行业推动经济和自身发展方式的转变提供了难得的机遇。让我们一起在贯彻落实科学发展观的道路上大胆探索，开拓创新，为美好的西部而共同努力。

最后祝论坛圆满成功！

谢谢大家！

在中国西部金融论坛的演讲

中国证监会副主席　刘新华

尊敬的各位领导、各位来宾，女士们、先生们：

下午好！

很高兴参加中国西部金融论坛。在党中央、国务院启动新一轮西部大开发战略的大背景下，本届西部金融论坛围绕着"金融支持与金融创新"的主题进行深入探讨，具有很强的针对性和前瞻性，对于充分发挥金融功能、推动西部经济社会又好又快发展具有重要意义。借此机会，首先，我代表中国证监会和尚福林主席，对论坛的召开表示热烈的祝贺，向四川省委、省政府长期以来对资本市场改革发展工作给予的大力支持表示衷心的感谢！

今年是我国实施"十一五"规划的最后一年。过去五年来，在党中央、国务院坚强领导下，中国证监会认真贯彻中央关于"大力发展资本市场"的决策部署，在深化改革中不断夯实市场基础，在稳步创新中逐步完善市场体系，在强化监管中着力维护市场秩序，在服务大局中充分发挥市场功能，不断健全有利于市场科学发展的体制机制，有效提升了我国资本市场的运行质量和效率。

一是坚持固本强基，下大力气解决了长期影响发展的诸多历史遗留问题。基本完成了股权分置改革，为全流通市场的可持续发展奠定了制度基础。截至今年9月底，A股市场流通市值为15.24万亿元，流通市值占总市值的比例由2005年底的32.8%上升到63.8%。圆满完成了证券公司的综合治理，证券公司总资产2.24万亿元，净资本4066亿元，分别是2005年底的7.3倍和11.6倍，证券行业在本轮金融危机中始终保持规范发展态势。全面提高上市公司质量和治理水平，上市公司已经成为国家经济社会发展的重要基石。今年上半年，上市公司实现营业收入 7.96 万亿元，占同期全国 GDP 的比重由 2005 年的 22％上升到 46％。大力发展了机构投资者队伍，截至今年 9 月底，机构投资者持股市值占流通市值的比重为 67.3％，比 2005 年末翻了一番，市场投资者结构明显改善。大力完善了市场法制建设，资本市场现行有效法律文件 479 件中，"十一五"期间新制定和修订约占 60％，为市场稳定健康发展提供了有力保障。

二是坚持改革创新，有效增强市场运行的效率和活力。深化了新股发行体制改革，市场力量在筛选、定价中的作用日益突出，新股发行体制改革启动以来，截至今年 9 月底，共有 360 家公司境内 IPO 累计筹资 5860 亿元。推出了股指期货和融资融券业务，丰富风险管理工具，改变了长期以来的"单边市"运行格局，截至 9 月底，股指期货累计成交 6233 万手，成交金额 52.9 万亿元，融资融券累计交易金额 289.4 亿元。在应对国际金融危机冲击的实践中，顺利推出创业板，截至 9 月底，已经受理 368 家企业发行申请，共有 123 家企业挂牌上市，许多优秀高新技术企业借此实现了产融结合，走上了创新驱动和快速发展的轨道。

三是坚持服务全局，不遗余力地支持实体经济发展。5 年来境内资本市场累计融资 2.5 万亿元，约占资本市场成立 20 年来融资额的一半，为我国企业做优做强提供了强有力的资本金支持。2006 年至 2009 年，共有 141 家上市公司进行整合重组，交易金额 8866 亿元，有力地促进了结构调整和产业升级。"十一五"期间，我国工、农、中、建、交五大商业银行全部改制上市，主要金融机构治理水平和抗风险能力大幅提升，为我国金融业抗御本轮国际金融危机提供了重要支撑。

四是坚持依法治市，一以贯之地维护"三公"原则。加强市场监管效能建设，推动出台了对侵占上市公司资金、老鼠仓等违法行为的刑事法律规制。在我国行政领域率先设立"审查分离"的行政执法体制，建立健全了"快速发现、快速调查、快速处罚"的案件查处格局。严格市场监管，始终保持对内幕交易、操纵市场等严重违法违规行为的高压态势，近 5 年来，共立案调查 490 起，移送公安机关 92 起，作出 264 项行政处罚和 87 项市场禁入决定，有效维护了正常的市场秩序。

五是坚持有序开放，循序渐进地提升市场国际化水平。截至 9 月底，先后批准设立了 10 家合资证券公司、35 家合资基金管理公司，有 99 家外资机构获得了 QFII 资格。加强与国际证监会组织等国际机构的合作，并 43 个国家和地区签

署了 47 个监管合作谅解备忘录。不少跨国公司希望到中国挂牌上市，我国资本市场支持境内企业参与国际竞争合作的条件日益成熟。

经过近五年的不懈努力，我国资本市场规模、效率、透明度、影响力、开放度大幅提升，在基础建设、体系完善、秩序维护、功能发挥等多方面取得了重要突破。截至今年 9 月底，沪深股市总市值已达 23.87 万亿元，是 2005 年的 7.4 倍，我国股市市值排名已经从"十一五"之前的世界第十三位跃居第三位。2006 年以来，新上市期货品种 12 个，今年前三季度，我国商品期货市场成交量为 21.47 亿手，居全球第一。

各位领导、各位来宾，国际金融危机之后，世界经济金融格局正在发生复杂而深刻的变化，金融业在促进经济结构调整和平衡中的作用更加突出。刚刚闭幕的十七届五中全会全面部署了下一个五年我国经济社会发展的重大战略，对资本市场发展提出了新的任务。我们将认真贯彻落实十七届五中全会精神，紧紧围绕服务于加快转变经济发展方式的大局，继续加强市场基础建设，努力推进市场改革创新，不断加强和改进市场监管，全力促进资本市场稳定健康发展，更好地促进我国经济长期平稳较快发展。

第一，以积极扩大直接融资为突破口，更好地满足多元化的投融资需求。继续支持符合条件的企业发行上市，促进社会资源向上市公司集中。加快多层次资本市场体系建设，大力发展债券市场，扩大公司债券规模，逐步推动建设集中监管、统一互联的债券市场。研究推进中关村代办股份转让试点扩大工作，探索符合我国国情的场外市场发展路径。

第二，以稳步推进市场创新为依托，不断提高资本市场的服务和包容能力。进一步完善以风险控制为前提、以市场为导向、以需求为动力的产品和业务创新机制。加强融资融券试点监测，适时推出转融通业务。稳步发展期货市场，继续推动重要大宗商品期货品种上市，稳妥地推出符合经济发展需要的金融衍生产品，健全市场定价和风险管理机制。

第三，以健全市场体制机制为途径，积极促进资源优化合理配置。落实好新股发行体制第二阶段改革的制度安排，进一步培育市场机制、深化市场约束。落实创业板市场定位，通过资本市场示范效应鼓励更多的创新创业，提高经济发展的内生动力。完善并购重组市场化制度安排，支持上市公司通过资本市场平台实现整合升级，更好地加强资本市场对经济发展支持力度。

第四，以加强和改进市场监管为保障，切实防范和化解系统性风险。保持对内幕交易、操纵市场等违法违规行为的高压态势，提高市场透明度，切实维护市场秩序和投资者权益。同时，加强国际经济金融风险的监测和预警，积极探索宏观审慎监管和微观审慎监管结合的有效途径，更好地维护资本市场安全稳定运行。

各位来宾，女士们、先生们，今年是国家实施西部大开发战略10周年。这10年，既是西部地区经济增长最快、发展质量最好的10年，也是西部地区资本市场实现长足进步和跨越式发展的10年。截至今年8月底，西部12省区市共有上市公司327家，比10年前增长了77%；上市公司总市值2.7万亿元，比10年前增长了5.9倍。10年来，西部12省区市通过资本市场累计融资3433亿元，资本市场与西部地区经济发展的联动性越来越强。当前和今后一个时期，中国证监会将按照五中全会精神和党中央、国务院关于实施新一轮西部大开发的工作部署，大力支持符合条件的西部企业IPO和再融资，加快推进多层次市场体系建设，积极推动西部地区上市公司并购重组，为西部地区企业利用资本市场规范发展开辟广阔空间。我们也希望进一步加强和地方政府的沟通协调，积极培育优质上市资源，共同促进市场主体规范运作，营造资本市场与区域经济良性互动、共同发展的良好局面，为推动新一轮西部大开发作出应有的贡献。

最后，预祝本届论坛取得圆满成功！

谢谢大家！

包容性增长中的金融服务

全国人大财经委副主任委员　吴晓灵

各位来宾，
女士们、先生们：

大家下午好！

非常高兴来参加西博会。前面的领导谈了很多宏观经济发展的东西，我结合西部的情况谈一个在金融业当中稍微边缘一点的问题——包容性增长中的金融服务。

中国经济已经进入了一个新的发展阶段，改变经济增长方式，促进经济社会和谐发展，提高人民的福祉，让全国人民共享改革开放的成果是今后发展的目标。实现经济社会和谐发展，人与自然和谐发展的包容式增长，应是汇集城乡不同群体的增长，特别是要关注欠发达地方贫困人群的发展。西部地区在加快发展的时候，应该更加注重经济社会的协调发展，人与自然的和谐发展。

人民的福祉与GDP的增长有很大的关联，但人民的福祉不仅包括物质生活，更包括精神生活，人的幸福感不完全取决于物质条件。政府无力决定人民的幸福感，但是政府应该创造条件，让人民感到更加幸福。改进金融服务，给穷人一次改变命运的机会，是开发式扶贫的重要途径。让每个人有尊严地生活，是温家宝总理在今年的政府工作报告中提出来的，也是胡锦涛总书记提出来的任务。让每一个人能有尊严地生活，就应该给贫穷的人一个凭自己的努力改变命运的机会。人怎么样才能感到有尊严，他能有一个机会，凭自己的能力改变自己的生活。人的生活质量可以有高低之分，但是给人一个改变命运的机会，这个人就会觉得满足、自豪和有尊严。在西部十二个自治区和直辖市，有 2350 万贫困人。我们这部分数字还是以 1100 多元人民币的年收入算的。按照世界贫困人口的确定标准一天一美元，年收入应该是 2300 多元。如果按照这个数字来衡量我们的贫困人口，贫困人口的数量就更多。世界小额信贷证明贫困的人他们是诚信的，小额信贷的实践也证明贫困的人是可以成为优良客户的，关键的是要改进我们的金融服务，给贫困的人展现其能力的机会。改进金融服务。

我认为，要从五个方面更新我们的理念。

第一，是人力资本，而不仅仅是财力成就一个优良的客户。因而我们在为贫困人口提供金融服务时，更要注重教育先行，培育客户，同时要善于发现客户的潜能。我们的传统金融也不仅仅是看财务报表。一个好的领导班子可以使一濒临破产的企业新生，但是，一个混乱的班子可以使一个企业走向毁灭。为此，我们在传统的竞争中要注重人力资源。人是至关重要的。我们在扶贫的金融中更应该注意人力资源的开发，应该大力促进小额信用放款，大力发展小额人身保险和财产保险，让金融的助推器来使穷人发挥自己的潜能。

第二，获得资金抓住机遇，比资金价格更重要。在推行金融服务中，我们应该按照利率覆盖风险的理念，让金融机构在商业上可持续，让贫困的人群可以获得持续的金融服务。因为每次谈到扶贫式开发的时候，各个方面都在呼吁优惠的利率。优惠的汇率，如果想要一个商业机构在一个地区持续地为人们提供金融服务的话，首先这个商业机构要能生存下去，因而利率覆盖风险，让金融机构的商业可持续是我们获取金融服务的一个非常重要原则。一个人如果自身不能生存，怎么可能去救那些落水之人呢？因此，金融机构的商业可持续是我们非常重要的一个理念。

第三，银行是经营风险的企业，金融业也是一个经营风险的行业，过分地强调既定的风险控制规定，会损害很多有利于经济发展，特别是有利于贫困人群发展的活动。我们现在在发展当中，出现了很多我们法律法规中没有规定的那些不具有法律地位的社会经济组织。有很多社会经济组织，在我们现有的法律法规中，它们不具备经济发展的地位，但是它们这些组织都能很好地组织贫困的人群，能发挥一些金融投资的功能，但是，长期以来，传统金融不能够给予它们很好地支持。我们小额信贷从 1993 年引入中国，到现在 17 年，但是那些在艰苦的环境中挣扎了十多年的金融机构，那些小的金融组织，到现在也不能够得到社会的合法承认，我们的金融机构不愿意给它们提供资金，这就会影响金融机构在经济社会中对于扶贫开发的作用。当金融机构贷款给一个企业，贷款给一个经济组织的时候，它们是结合了几十个人，甚至几百个人的贷款，是一个组合贷款。如

果我们不改变风险控制的理念，这将会不利于金融机构自身的发展以及扶贫开发工作的开展。

第四，金融工具是社会公器，它能保障绝大多数人的利益。提高社会群体金融服务的可获得性，这也是监管部门的责任。因此，发展非公众金融机构是传统金融机构的有力补充。非公众金融机构是指什么呢？现在确实有很多机构在做金融业务，比如说贷款公司、担保公司、吸收存款的融资租赁公司、股权投资基金、融资性担保机构，它们做的业务确实是金融业务，但它们不是面对公众的金融机构，不可能造成过大的外力性的风险。它们可以不向公众机构那样受到严格的社会性的监管，但是它们的业务确实是对我们传统经营业务的一种有力补充。因此，我们的监管当局在我们的监管规则中，应该适应这些机构的发展，给它们一定的空间。

第五，发挥杠杆作用的财政资金，是财政公共服务的支出，对它的考核不是资金的保全，而是杠杆作用的大小和使用效率的高低。在扶贫开发的过程中，特别是在农业当中，它是一个弱的产业。它在一个经济欠发达的地方，风险是高的，单凭金融来承担风险是不够的。我们的杠杆可以发挥更大的作用，一百万元的扶贫资金，如果你支出去了就是一百万元，但是，你如果把这一百万元的财政资金作为风险补偿基金和担保基金，来为金融业承担一定的风险，就能鼓励这些金融业进入到这些欠发达地区来。如果用财政局的资金成立一个担保公司，我认为不如成立一个担保基金的效率更高。成立一个公司，就要有各种费用的开支，为了公司的续存，就希望这个基金、资金能保值增值，在承担风险的时候就不可能大大方方地很快地去履约。这也就是说很多金融机构，即使是有担保公司的担保，放大倍数也仅仅是1、2。我在人民银行岗位上的时候，我们曾经推行过下岗失业担保贷款，凡是用担保基金能迅速承担风险的，弥补风险的，这个地方的业务就会开展得比较好。凡是担保公司左审右审的，一直不能替金融机构承担风险的，放大的倍数非常小，很多贷款的额度和贷款的基金是等同的，根本就没有放大的效应。

我们财政部门应该树立一个理念，为金融承担风险的资金是一个公共财政支出。你只不过改变了一个花法，过去是一笔钱花出去就行了，这一次是作为风险承担，也可能一次就把钱全部花了，但如果风险控制得好，你这个钱也许会撬动一倍两倍的金融资金。但财政的杠杆要和金融很好地结合起来，就必须要扭转财政部门对于担保基金的理念和使用的方法。

以上是我提出的一些建议，尽管我说的金融活动对我们庞大金融活动来说是微不足道的，但是对贫困的人来说是改变自己的一次机会，希望金融业关注他们，实现我们的包容性的增长。

谢谢大家！

（根据录音整理，未经本人审阅）

科学规划、融资助力
共创西部开发建设新辉煌

国家开发银行副行长　李吉平

尊敬的陈昌智副委员长，

尊敬的戴相龙理事长、吴定富主席、马德伦副行长、蔡鄂生副主席、刘新华副主席、吴晓灵女士，

尊敬的蒋巨峰省长，

各位来宾，

女士们、先生们：

大家下午好！

非常高兴就"新一轮西部大开发：金融支持与金融创新"这一主题与大家进行交流。

实施西部大开发战略，是党中央、国务院在世纪之交作出的重大决策，是我国社会主义现代化建设全局的重要组成部分。今年，正值党中央国务院实施"西部大开发"战略 10 周年。10 年来，西部地区经济社会发展取得了巨大成就，GDP 年均增长 11.4%，高于全国平均水平，是新中国成立以来增长最快的时期。基础设施和生态环境明显改善，人民生活质量显著提高，东西部差距逐步缩小，有力地促进了区域协调发展，为我国应对国际金融危机、保持经济平稳较快发展奠定了坚实基础。

今后 10 年是深入推进西部大开发承前启后的关键时期，西部地区面临难得的发展机遇：在世界经济格局深刻变化的新形势下，扩大内需是我国经济发展的长期战略方针和基本立足点，西部地区战略资源丰富、市场潜力巨大的优势进一步凸显；我国与周边国家区域经济一体化深入发展，为西部地区加快对外开放、提升沿边开放水平提供了新契机；国内经济结构深刻调整，经济发展方式加快转变，为西部地区承接产业转移和构建现代产业体系创造了有利条件；西部地区投资环境和发展条件不断改善，为实现又好又快发展奠定了基础；我国综合国力显著增强，有条件、有能力继续加大对西部地区的支持力度。同时必须清醒地看到，西部地区与东部地区发展水平的差距较大，基础设施落后、生态环境脆弱的瓶颈制约仍然存在，经济结构不合理，自我发展能力不强的状况还没有得到根本改变，公共服务能力薄弱的问题仍然突出，西部地区仍然是我国全面建设小康社会的难点和重点。

推进新一轮西部大开发，把广袤的西部地区培育成为我国新的经济增长极，需要以科学发展观为指导，立足实际，统筹规划，各方协同，共同推进。

第一，推进规划先行，促进科学发展。规划先行是落后地区发挥后发优势、实现科学发展的重要手段，能够有效避免发展的盲目性和波动性。特别是西部各地经济社会人文差异较大，更要通过规划统筹考虑，整体布局。目前西部已形成广西北部湾、汶川地震灾后恢复重建、关中天水经济区等国家级战略规划，成渝等跨区域发展规划正在编制当中，各地还出台了本地区的发展规划等。下一步，要结合东部提升、中部崛起、东北振兴以及与周边上合组织、东盟等国家的合作情况，根据优势互补的原则，统筹考虑西部地区发展特点，整体布局西部基础设施、资源开发、产业梯度和社会发展蓝图，实现互利共赢、东中西部联动发展。

第二，政府、企业、金融机构等各方协调配合，形成推动发展的合力。要发挥政府的组织协调优势，孵化和培育健康的市场主体，形成健康企业、健康财政、健康金融和健康经济的良性互动；加大对重大项目的统筹协调，营造良好发展环境；充分利用西部资源能源丰富、劳动力成本相对较低等有利条件，抓住全球经济结构调整的时机，积极承接国内外产业转移，大力发展特色产业、新兴产业和劳动密集型产业，增强发展活力。

第三，建立完善融资体制，为西部开发建设提供动力。西部地区十年来取得了长足发展，但与东部地区相比，西部金融基础设施和信用建设水平还不高，中长期资金缺口较大。当前，亟待建立和完善促进西部地区发展的健康高效的现代融资体系。同时，金融应该主动承担富民惠民的社会责任，既支持效益好的领域和项目，也要支持"三农"、中小企业、生态环境治理保护、医疗教育等社会瓶颈，满足经济社会发展各领域的融资需求。

十年来，国家开发银行致力于西部地区的开发建设，取得了显著成效。开行坚持"规划先行、市场建设、社会共建、融资推动"的开发性金融理念，积极参与和推动西部多项重大发展规划的研究和编制，提供120多项融资规划，动员大量资金与规划对接，大力支持"两基一支"项目建设和民生、社会领域发展，成为西部大开发的融资主力军。开行还通过帮助地方政府构建信用平台，推进市场、信用和制度建设，改善融资环境，促进西部地区进入良性发展轨道。

面对新一轮西部大开发的热潮，开发银行愿继续深化与各方合作，发挥中长期投融资主力银行的作用，为加快实现区域协调发展作出新的更大贡献！

谢谢各位。

积极支持新一轮西部开发建设

中国工商银行副行长　罗　熹

尊敬的主持人、各位嘉宾：

下午好！很高兴参加本次论坛，就金融支持新一轮西部大开发的议题进行交流。在最近召开的西部大开发工作会议上，中央对深入实施西部大开发战略提出了一系列新任务、新举措，强调要进一步加大投入、强化支持，推动西部地区经济又好又快发展。工商银行多年来服务于西部经济社会，对西部大开发充满信心。

下面，我将结合工商银行在西部地区的经营实际，谈三个问题。

一、大型银行在西部开发建设中大有可为

首先，银行应当充分发挥资金桥梁作用，推动建设资金向西部地区集聚。东部地区的发展经验表明，资金筹集能力是助推区域经济的重要因素。西部地区经济基础相对落后，但自然资源得天独厚，市场潜力巨大，后发优势明显。十年来，西部地区 GDP 年均增长 11.7％，高于全国平均水平，经济社会发展成效显著。按照新一轮西部大开发和国家"十二五"规划，西部地区将进一步加大开发开放力度，继续保持良好发展势头，从根本上防止我国发展不平衡、不协调、不持续的问题。借助新一轮大开发的政策东风，西部开发建设必将更上一层楼，对建设资金的需求也会持续增加，银行应当合理引导资金向西部集聚，大力支持西

部经济建设。

第二，银行应当充分发挥金融导向作用，推动西部经济发展方式转变。新一轮西部大开发战略为西部规划了一条以发展为主线、以产业结构调整和经济增长方式转变为重点的发展路径。未来十年，西部要形成传统优势产业与战略新兴产业、现代服务行业协调发展的新格局，基础设施建设、城镇化建设、节能环保、绿色低碳、现代制造、现代服务、新能源、新材料、生物工程等战略性新兴产业将得到蓬勃发展，战略新兴产业、现代服务行业对西部地区 GDP 的贡献度预计将达到或超过 50%，成为西部经济发展的重要支柱。银行应当充分发挥金融导向职能，合理运用价格杠杆，有效配置资源，以市场化的方式引导各经济主体落实国家的西部产业政策，形成西部经济发展的特有模式。

第三，银行应当充分发挥综合服务作用，为各界参与西部经济建设铺设便利渠道。新一轮西部开发建设是巨大的市场机遇，将吸引国有、民营、外资等各类经济主体广泛和深入的参与，目前西部地区承接东部地区以及海外产业转移的步伐正在加快，比如国内电子信息、汽车制造等行业产能正大量转入成都，银行要积极为东西部经济合作，以及西部地区吸引国际投资开通渠道，提供配套金融服务，优化西部金融环境，促进西部地区产业升级优化。

二、通过银行改革完善对西部经济建设的金融服务

银行加大对西部经济建设发展的支持，首先要深入推动内部改革，建立起适合西部经济发展新格局的业务体系和管理体制。具体来说，银行面对的主要改革任务有三方面。

第一是调整业务结构。首先要把握西部经济发展过程中金融需求多元化的趋势，在传统"存、贷、汇"业务基础上，重点发展投资银行、资产管理、资产服务业务；其次要贯彻新一轮西部大开发的政策导向，优化调整信贷结构，重点支持资源集约、环境友好的优势行业；再次要探索支持西部中小企业的有效途径，完善中小企业信贷政策和服务品种，形成大、中、小企业金融服务各有特色的金融服务流程。

第二是加快业务创新。要顺应金融需求综合化、多样化、个性化的趋势，把握西部产业和行业发展特征，通过境内外业务资源整合、新产品内外互通、新技术研发外购等多种途径，加快推动银行产品和服务创新。大力推进网上交易、电话交易、自助交易、移动交易等新型交易方式。要抓住西部经济分工不断细化和大产业链、大企业网逐步形成的机会，在梳理整合银行产品服务资源基础上，改

变以往单点式的业务营销和服务模式，建立集资金收付、资金归集、贸易融资、公司理财、风险管理于一体的综合现金管理平台。

第三是推动机制改革。要优化银行配置资源的方式，统筹考虑区域业务发展需要，将规模、财务、人力、权限等资源适度向西部分支机构倾斜。要积极探索建立合理的内部考核机制，提高西部分支机构参与西部开发建设的积极性和主动性。要深入推进内部管理流程改造，适度扩大西部分支机构的经营授权，优化决策流程，提高分支机构应对市场变化的能力。

三、工商银行支持新一轮西部大开发的举措

工商银行高度重视西部金融市场的开拓，近年来，不断加大对西部地区的支持力度。截至 2009 年末，工商银行投放在西部地区的贷款占全行贷款的比重达16.6%，较 2005 年提高了 2 个百分点。去年以来，西部各分行的贷款增长幅度已超过全行平均水平，西部地区已成为我行除长三角和环渤海之外的第三大重点信贷区域。下一步，工商银行将继续围绕支持西部开发建设的战略任务，进一步推动落实以下三个方面的措施。

首先，合理运用资源配置杠杆，提升西部分行对地区经济建设的支持力度。工商银行正在试点推行分行梯队发展战略，部分有较大发展潜力的西部地区分行将被纳入重点发展梯队，未来三年，我们将主要通过资源的适度倾斜，优先扶持这些分行加快发展，帮助它们提升业务实力，最大限度把握区域内的重大市场机遇。此外，我们要求各级分支机构也要实现资源向辖内重点区域、重点行业的适度倾斜，特别是要加大对金融服务需求最集中、最迫切、投入产出效率最高、辐射带动能力最强的省会城市、中心城市、发达县域的资源供给力度，使这些地区的机构能够率先发展，整体提升对区内经济的服务能力。

其次，大力推动西部分行信贷结构优化，促进区内经济结构加快调整。工商银行一直积极贯彻国家产业政策，要求西部各家分行在继续巩固和拓展城建、交通、能源等基础设施信贷业务的基础上，重点加大对环保、节能、资源综合利用等项目的支持力度，扩大绿色信贷比重和市场占比，大力培育战略性新兴产业和新兴服务行业，进一步降低对传统制造业的融资份额和比重。同时要求各行依托现有客户资源，围绕产业链、供应链、资金链挖掘中小企业客户，着力改善客户结构。

再次，推进产品和服务创新，为西部经济发展提供更丰富的金融服务。工商银行将重点通过四方面的措施增强创新能力，支持西部发展。一是提供特色产

品，根据西部开发建设的实际需要，优化改进现有产品功能，创新服务门类，例如积极组织银团贷款、发行债券和票据，探索贷款交易等方式，拓展西部融资的新途径；二是提供国际化、综合化服务，利用工行已经搭建的国际化服务网络，以及综合化服务平台，推动西部吸引外资和承接产业转移，并帮助西部优质企业到境外投资、融资和筹资；三是加大新产品、新服务向西部地区的推广力度，比如，通过理财产品创新，提高居民理财收益，打通货币市场与资本市场的沟通，推动金融资产证券化进程。同时，扩大西部分支机构的创新权限，激发基层创新潜力；四是强化对西部重点县域的金融服务，适度增设机构网点，打通联结中小金融机构的交易管道，加快研发适用于现代农业、城乡一体、城镇建设的金融产品和业务模式。

女士们、先生们，工商银行抱着支持推动西部大开发的强烈意愿，对支持西部建设作出了新的部署和规划。我们坚信，在党中央、国务院的正确领导下，在西部各地方党政的大力支持下，在社会各界的积极配合下，工商银行在服务西部经济开发建设中一定能够大有作为。

最后，祝愿本次论坛取得丰硕成果。

谢谢大家！

参与西部大开发　服务西部大开发

中国银行副行长　岳　毅

尊敬的各位领导，

女士们、先生们：

　　下午好！

　　很高兴参加第十一届西部博览会及第一届中国西部金融论坛，共享过去十年西部大开发的成功，憧憬西部大开发下一个十年的美好未来，共谋发展策略，共商建设大计。

　　西部大开发是党中央审时度势、高瞻远瞩所作出的事关我国经济社会政治发展的重大战略决策。过去十年间，西部地区经济跨越式发展，社会事业欣欣向荣，人民安居乐业。今年七月，党中央及时作出了下一个十年西部大开发的重大决策，这无疑是给正在奋进中的西部进一步指明了加快发展和走向富强的方向。

　　西部地区蕴藏着无数的资源宝藏和众多的发展机遇。这里山川大河遍布，水电

资源极其丰富，西部地区可开发水电资源蕴藏量约占全国的百分之六十强，大渡河、雅砻江、金沙江、澜沧江等大江大河及其分支流，将是国家"西电东送"战略实施的重要基础。这里也是我国油气资源的主要集中地区，国家"西气东输"战略的实施将给西部的发展注入和带来活力。

中国银行是中国历史最悠久的银行，具有百年历史，也是目前中国银行业国际化程度最高的商业银行。中国银行通过遍布全球 32 个国家和地区的 973 家海外机构向客户提供服务，在支持中国企业"走出去"的过程中扮演着重要角色。中国银行还是目前国内多元化程度最高的银行，除主要经营商业银行业务外，还开展投资银行、资产管理、保险、租赁等业务。以商业银行为核心，多元化服务，海内外一体化发展的大型跨国经营银行集团是中国银行的战略目标。股改上市后，中国银行的资本实力显著增强，公司治理结构更趋完善，经营管理水平不断提高，盈利能力持续改善。

中国银行历来视支持西部发展为己任，积极贯彻落实党中央西部大开发的一系列举措，在战略上有重点地积极支持西部地区各项建设，与西部地区共发展、同进步。一方面，中国银行积极投入信贷资金，多层次支持西部地区发展。截至今年六月末，中国银行对西部地区的贷款余额为 4393 亿元，较 2001 年增长了 3.4 倍，十年平均复合增长率 17.8%，远高于全国平均水平。另一方面，中国银行发挥跨境服务优势，支持西部企业"走出去"。截至今年六月末，中国银行西部地区国际贸易结算业务量达到 204 亿美元，为西部省区"走出去"企业办理外币保函 7.67 亿美元。此外，中国银行还积极承担起西部地区发展的社会责任，截至今年六月末，中国银行西部地区个人助学贷款余额达到 26.43 亿元，并已在西部地区累计发放个人涉农贷款 20.91 亿元。

我们高度关注并积极参与西部地区下一个十年大开发，我们既以支持西部又好又快发展和走向富强为己任，又以西部大开发为机遇，加快发展中国银行的事业，做大做强西部地区分行。按照中央要求，中国银行总行正在积极研究制定西部地区发展战略，近期将出台相关倾斜性措施和政策，更好地服务于西部大开发。中国银行不仅将一如既往地加大对西部地区的重点经济领域的信贷支持力度，还将贴近西部地区发展的新需求，创新金融工具和金融服务方式，支持西部地区又好又快发展和走向富强，更要支持西部"走出去"企业在海外的发展。

女士们、先生们，中国银行将秉承"追求卓越"的核心价值观，坚定不移地贯彻落实党中央西部大开发战略，以西部地区的发展和繁荣富强为己任，在商言商，在商明政！抓住西部大开发机遇，进一步做大做强西部中国银行，让西部地区和中国银行的良好合作创造更多辉煌。

愿西部地区的未来更加美好，西部地区更加富强，西部地区人民和谐幸福安康！

谢谢大家！

在中国西部金融论坛的演讲提纲

中国进出口银行行长助理　袁永兴

女士们、先生们：

下午好！

很高兴应邀参加本次论坛。借此机会，我想谈谈中国进出口银行支持西部大开发的思路和举措，供大家参考。

中国进出口银行是一家执行国家外交政策、外经贸政策和产业政策，支持国际经济合作的政策性银行。成立 16 年来，始终注重根据宏观形势需要进行自身业务范围和职能的调整。目前，中国进出口银行已经形成包括出口信贷、进口信贷、对外承包工程和境外投资贷款、股权投资、对外优惠贷款、外国政府和金融机构贷款转贷，以及对外担保、国际结算等在内的多品种业务发展格局，对经济社会发展的支持力度越来越大，已成为中国企业"走出去"开展跨国经营和海外投资的政策性融资主渠道。近几年，中国进出口银行业务规模快速增长，资产质量显著提高。截至今年 6 月底，进出口银行总资产突破 1 万亿元人民币，贷款余额达到 8203 亿元人民币，支持中国企业与 150 多个国家和地区开展了经贸合作。

从 2000 年党中央、国务院提出实施西部大开发战略以来，我行认真贯彻落实国家西部大开发战略和有关部门的要求，成立了"中国进出口银行金融支持西部大开发工作领导小组"，李若谷行长亲自担任组长。我们不断完善对西部地区的金融支持服务体系，加大政策性金融对西部地区的支持力度，把"走出去"和

"引进来"相结合，在大力支持西部地区机电产品和企业"走出去"的同时，配合西部大开发战略的实施，结合西部地区经济、社会发展的特点，有针对性地设计、开发了多项创新业务品种，有效地解决制约西部地区发展的突出问题，为支持西部地区经济发展发挥了积极作用。截至今年9月底，中国进出口银行在西部地区贷款余额为610亿元人民币，近5年在西部地区累计发放贷款约1000亿元。

一是完善信贷制度建设，在保证信贷资产安全的前提下，适当降低西部地区企业申请流动性贷款的准入标准。例如，高新技术产品出口卖方信贷业务，对其他地区企业的准入标准为年出口300万美元，但对西部地区企业的准入标准为200万美元；资源进口信贷业务，对其他地区企业的准入标准为年进口1000万美元，但对西部地区企业的准入标准为500万美元。

二是科学设置分支机构，在合理布局的基础上，向西部地区倾斜。2001年以来，在国家有关单位的支持下，我行陆续成立了18家分支机构，其中服务西部地区的有北京分行（服务内蒙古）、成都分行（服务四川、贵州和西藏）、重庆分行、陕西省分行（服务陕西、宁夏、甘肃、青海和新疆）、广东省分行（服务广西）和云南省分行。这些分行的成立，基本覆盖了西部地区，提升了我行为西部地区服务的能力，为我行金融支持西部开发提供了新的动力。

三是深入调查研究，积极进行业务拓展，加大对西部地区的宣传和营销力度。十年来，总行领导多次带队，深入西部地区调查研究，足迹遍布西部所有省份。调研组通过与当地政府机构会谈，实地考察进出口企业，以各种方式帮助当地企业解决融资难问题，收到良好的效果。

四是合理利用外国政府贷款转贷，加大对西部地区的倾斜力度。我行按照中央积极合理有效利用外资的总体政策，积极开拓外国政府贷款转贷新国别、新业务、新品种，不断拓展在西部地区的市场份额，在支持西部地区基础设施建设、改善农业生产环境、生态环境、促进区域经济协调发展以及改善民生等方面起到了十分重要的作用。截至今年9月末，我行在西部地区转贷余额64亿美元。

五是在西部地区发起设立担保公司和创业投资引导基金。如为进一步丰富、完善重庆市中小企业信用担保体系，我行与重庆市政府共同发起设立了重庆进出口信用担保有限公司。为支持成都市开展城乡统筹综合配套改革以及四川省地震灾区的灾后重建工作，在科技部和四川省政府的大力支持下，设立了成都银科创业投资引导基金。

六是加强与国务院扶贫办合作，落实扶贫办推荐的西部地区扶贫合作试点项目。我行积极落实国务院扶贫开发领导小组办公室与我行签订的《长期金融合作

协议》，与国务院扶贫发展中心开展了扶贫金融试点项目合作。

上述工作的开展，为西部地区企业提供了新的融资渠道，为支持西部地区社会主义新农村建设、扩大农副产品及其深加工产品出口，为西部地区企业获取境外重要能源资源和引进先进技术装备，为提高西部地区出口企业自主创新能力、提高对外服务贸易竞争力等提供了融资支持。

女士们、先生们，今年，中央在总结回顾十年西部大开发的基础上，明确提出了振奋人心的新一轮西部大开发的指导思想、主要目标和政策措施，为未来十年西部大开发工作奠定了战略基础。中国进出口银行将按照党中央和国务院的整体部署，继续落实国家关于西部大开发的各项政策措施，完善金融支持西部大开发服务体系，继续为西部地区企业"走出去"和外向型经济发展提供积极的金融支持，力争为西部地区经济发展、民族团结、社会和谐作出新贡献。

一是发挥政策性金融优势，重点支持西部地区发展特色优势产业体系。随着西部经济结构调整力度加大，跨越式发展步伐加快，未来西部地区特色优势产业将向规模化、集群化和现代化方向发展。我行将充分发挥政策性金融优势，通过优惠贷款、外国政府贷款转贷以及农产品出口卖方信贷等业务，大力支持西部地区能源、生态、特色农牧业等资源型特色优势产业；通过高新技术产品出口卖方信贷、一般机电产品出口卖方信贷等业务，重点支持装备制造业和高新技术产业等非资源型现代优势产业。另外，我们将积极支持西部地区特色优势产业"走出去"，促进其更好利用国内外两个市场、两种资源。

二是创新金融产品和服务，支持西部经济发展方式转变和产业结构调整。根据胡锦涛主席对西部大开发的工作要求，目前西部地区12省区市都已经提出了转变经济发展方式的新举措，未来西部地区将努力形成传统优势产业、战略性新兴产业、现代服务业协调发展新格局。我们将在充分利用传统优势信贷业务的同时，加快创新金融产品和服务，促进西部地区开发模式由以资源型为主向以加工制造型为主转变，支持西部各地承接国内外产业转移，关注西部地区基础设施的完善和民生工程建设，促进西部地区城镇化进程。同时结合西部地区企业规模较小、出口产品附加值不高的实际，建立中小企业信贷"绿色通道"，拓宽担保方式，并通过小额信贷、咨询等业务，帮助企业提升生产技术水平，积极促进企业出口产品升级。

三是通过设立分支机构和与其他金融机构合作，完善对西部边境省市的支持。西部大开发在我国区域协调发展总体战略中居于优先地位，今后10年是深入推进西部大开发承前启后的关键时期。我行在西部地区业务发展潜力巨大，我们将加快在新疆等西部地区设立分支机构，保证政策和信息及时沟通，摸清当地开发项目和资金需求情况。与此同时，我们将积极加强与商业银行、保险公司、信托公司等金融机构的合作，通过联合贷款、银团贷款和信托贷款等多种方式，为西部大开发提供有力的资金支持。

四是密切关注重点领域，提高金融支持效率。如重大基础设施建设，我们将关注西部地区综合交通运输网络建设、信息基础设施建设、水利基础设施建设、油气管道和电网建设。积极支持国家级西部开发重大建设项目，为西部大开发实现战略目标夯实基础、发挥作用。再如生态补偿项目，为西部实施生态补偿、国家级公益林生态效益补偿以及在上游地区重点生态功能区的均衡性转移支付等方面提供支持。

五是不断总结经验，加快业务创新步伐。我们将不断总结和推广创新业务的成熟经验，积极改进工作，并根据国家政策和业务需要积极研究、试办新的业务品种，为西部开发提供更全面、更优质的金融产品和服务。

最后，预祝本届西博会及金融论坛取得圆满成功！

谢谢大家！

积极参与新一轮西部大开发
努力提升服务西部经济社会发展的能力

中国太平洋保险（集团）股份有限公司董事长　高国富

尊敬的各位领导，
各位来宾：

大家好！

实施西部大开发是本世纪初中央作出的重大决策。十年来，西部经济迅猛发展，正推动全国经济增长格局发生着变化，增长速度由东部领跑逐渐转化为西部领先。这十年，西部保险事业也取得了长足的进步。中国太平洋保险集团作为中国保险市场重要主体之一，在西部地区业务发展中也呈现出持续增长的良好态势。这几年已经在除西藏外的西部其余 11 个省、市、自治区分别建立了省级产、寿险分公司，西部地区机构数量达到 1032 家。今年上半年集团公司来自西部产、寿险保费收入分别占全系统产、寿险的 16.79％和 18.6％。

2008 年遭遇汶川特大地震灾害，中国太平洋保险付出了巨额经济补偿，为灾区的重建和经济发展提供了有力的保险支持。今天，在迎接新一轮西部大开发之际，中国太保将努力做好下面四方面工作，更好地促进和服务西部经济、社会的和谐发展。

首先，结合西部地区的实际，加强产品创新，积极提供适应西部地区的保险产品，服务西部经济和社会发展。

中国太保在朝着"专注保险主业，价值持续增长，具有国际竞争力的一流保险金融服务集团"目标发展的进程中，始终高度关注西部地区的发展。

一是针对西部基础设施的改善和投资需求，为公路、铁路、机场、电讯和水利等重大项目积极提供工程保险保障和特殊风险安排保障；开展各类建筑工程保险、设备管道等财产保险、货物流通保险等，并积极开办与重大项目相配套的建筑工程人身伤害意外险等险种。

二是结合西部区域产业中农业占比较大的特点，支持种植业的示范基地建设和畜牧业的"三配套"工程建设，与政策性保险联动，积极参与西部地区的"三农"保险。

三是针对西部地区丰富的旅游资源，积极开办相关旅游保险、意外伤害保险和责任保险等，为西部地区旅游业的大发展提供保险服务。

四是为积极支持西部科技、教育的发展，对信息、环保、资源利用等高新技术的推广和应用中的风险，给予相应的风险咨询和提供必要的保险保障。努力开办和拓展西部开发所需要的与助学贷款、教育项目投入和旅游相配套的人身保险业务、信用保险业务和人身意外伤害保险业务等。

其次，发挥保险资金融通功能，积极支持西部大开发。

在现代金融体系中，保险业资金聚集、资金融通、资源配置的功能越来越强，目前保险资金已经成为国家经济建设、构建和谐社会所需资本来源的重要组成部分。

保险资金具有期限长的特点，投向具有战略意义的西部新兴产业，不仅是开发西部的需要，也是太平洋保险自身完善资产负债匹配、分散投资风险的需要，更可以有效发挥保险业支持西部经济社会发展的作用。为促进西部的发展，2008年，中国太保以债权方式投资 27 亿元于贵州乌江水电开发公司构皮滩水电项目建设及运营。2009 年，与陕西省人民政府签署战略合作备忘录。同时，我们一直和四川、重庆、陕西、云南、广西等省、直辖市、自治区的国资委、金融办和保监局保持密切联系，积极参加由当地政府机构组织的大型企业见面会，拜访西部地区的企业，了解重大项目的融资需求，积极寻找投资机会。

第三，加强服务创新，积极推进太保集团在成都后援基地的建设，努力提升服务西部开发的能力。

近年来，中国太保按照国际先进标准，已逐步建立了一套较为完善的客户服务体系。通过搭建 95500 全国客户服务热线、太平洋保险网以及短信呼叫等电子服务平台，开发了基于 B2B 的财产险集中远程理赔服务系统，基于 GPS、GIS 的财产险网格化理赔查勘服务调度系统。在信息沟通全面、准确、及时的前提

下，不断提升服务的快速响应能力。太平洋寿险实施客户服务柜面标准化、信息化，并推广和延伸至县级机构。在此基础上，最近我们与成都市政府共同规划在成都开发区建立集团的后援基地，作为覆盖全集团的后援支持平台，内设集中的研发中心、培训中心、客户服务中心、电话呼叫中心、电话销售中心和具有国际先进水平的数据中心机房。建成以后，预计园内的工作员工将接近1万人。

第四，借助西部开发，积极履行大型国有企业的社会责任，热心公益事业。

中国太保作为一家负责任的保险公司，履行企业社会责任是我们应尽的义务。我们要积极响应中国保监会关于保险业服务社会主义新农村建设的号召，积极参与"三农"保险。今年中国太保参与了新疆兵团政策性种植业保险项目，承办玉米、水稻、小麦、棉花和油料作物等五大类种植业政策性保险业务。

近年来，中国太保在云南、重庆、新疆、湖北恩施等西部地区援建了近30余所太保希望小学。自2008年起，太保每年开展"责任照亮未来"希望小学活动，吸引近千名员工、营销员及客户报名参加支教，从中已选拔出支教志愿者47人次，先后在上述地区的太保希望小学从事支教活动，并为支教的希望小学建立起了爱心图书室。此外，太保还与上海交响乐团合作共同打造"乐行天下"交响乐巡演活动，并结合自身特点，开展客户服务活动。同时，我们还要积极支持低碳经济，努力为构建和谐社会出力尽责。

中国太平洋保险将秉承"诚信天下，稳健一生，追求卓越"的理念，在新一轮西部大开发战略契机中，努力围绕上述四个方面，为西部经济社会的又好又快发展、社会和谐以及太保自身的发展作出新的努力。

谢谢大家！

在第一届中国西部金融论坛上的发言

中共成都市市委副书记、成都市人民政府市长　葛红林

尊敬的各位领导，

各位来宾：

大家好！

成都是国务院规划确定的西南地区科技、商贸、金融中心和交通、通信枢纽，全国统筹城乡综合配套改革试验区，国家级综合保税区。

2009 年，成都实现地区生产总值 4503 亿元，财政总收入 1280 亿元，其中上缴中央和省 434 亿元，固定资产投资 4026 亿元，金融机构存贷款余额分别为 12416 亿元、9869 亿元，在蓉世界 500 强企业 169 户，美国、德国、法国、韩国、新加坡、泰国、巴基斯坦、菲律宾、斯里兰卡等 9 个国家在成都设立领事馆。

成都先后荣获"全国文明城市"、"国家环境保护模范城市"、"中国最具经济活力城市"、"中国最佳商务城市"等称号，并被联合国世界旅游组织和教科文组织授予"中国最佳旅游城市"和"世界美食之都"，被世界银行评为"中国内陆投资环境标杆城市"，被《福布斯》杂志评为"未来 10 年全球发展最快的城市"。

一、成都金融业现状和发展优势

（一）金融机构体系初步完善

截至 2010 年 9 月底，驻蓉银行 46 家、保险公司 57 家；证券公司 42 家，其中本地法人机构 4 家；期货经营机构 9 家，其中本地法人机构 4 家；财务公司 3 家、信托公司 4 家、消费金融公司 1 家、融资租赁公司 2 家、小额贷款公司 20

家，成都是中西部地区金融机构种类最齐全、数量最多的城市之一。

（二）金融外包及后台服务机构加快聚集

已有埃森哲等 15 家金融外包服务和澳新银行等 14 家金融后台服务机构落户成都，总投资超过 110 亿元。

（三）金融市场交易活跃

信贷市场发达。截至 2010 年 9 月底，存款余额 14329 亿元，增长 24.9％；贷款余额 11276 亿元，增长 22.9％。成都存贷款余额居中西部城市第一位。

2003 年—2009 年成都存贷款余额变化图

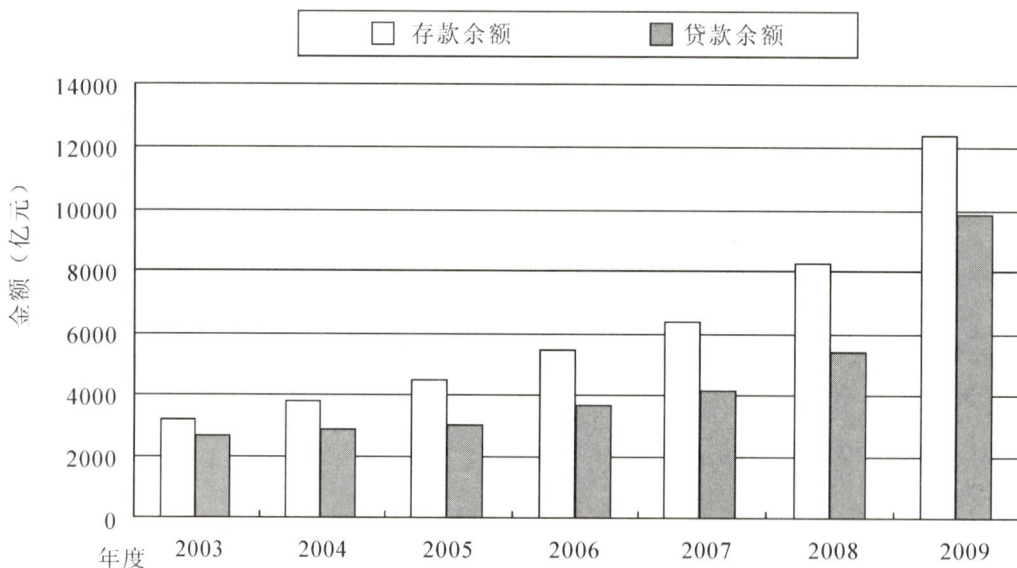

上市公司数量快速增长。现有 43 家 A 股上市公司，4 家 H 股上市公司，其中 1 家 A＋H 上市公司。主要分布在电子信息、现代服务、生物医药等新兴产业。

目前，5 家企业上报待批，20 多家企业接受上市辅导，近 30 家高新技术企业拟上新三板，150 余家拟上市企业纳入培育重点，形成了"上市一批、申报一批、启动一批、储备一批"的良好局面。

目前，43 家 A 股上市公司在证券市场累计融资 479.5 亿元，其中近两年融资 200 亿元。

截至 2010 年 9 月 30 日，成都 A 股上市公司总市值为 3225 亿元。

创业板开板当日，成都 3 家企业成功上市，数量仅次于北京。目前，成都有 5 家创业板上市公司，在中西部地区继续保持第一。

一个成功案例：

2010 年初，科伦药业登陆深交所中小板，上市融资超过 50 亿元，总市值超过 200 亿元，是西部地区有史以来发行价最高及募集资金最多的企业。目前，科伦药业已发展成为拥有 10 余家子公司的现代化医药集团，国内输液行业的领军型企业。

（四）产权市场体系完善

西南联合产权交易所、成都农村产权交易所、中国林权交易所西南交易中心、中国技术交易所成都交易中心、北京黄金交易所四川分公司在成都设立，金融资产交易所也将于 2010 年底成立。

保险市场规模增长迅速。截至 2010 年 9 月底，全市保费总收入 237 亿元，增长 43.8%，保费总收入在全国城市中名列前茅。

2003—2009 年成都保费收入

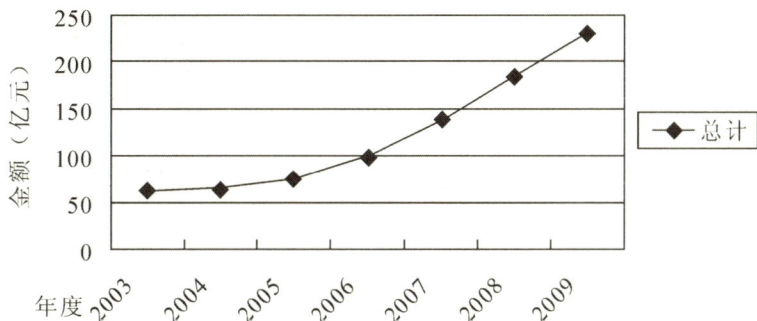

（五）对外开放程度高

成都是我国加入世贸组织后率先开放金融业的城市之一，金融开放度高、国际业务量大，现有外资银行 11 家、外资保险公司 10 家、国际知名会计师事务所 2 家，是中西部城市外资金融机构最多的城市。

（六）金融中介服务体系完善

成都与全球最大的管理会计师组织——英国皇家特许管理会计师公会（CIMA），在人才培养、合作研究、师资培养等方面开展全方位合作，并将在成都举办"2010—2011 年 CIMA 商业精英国际挑战赛"全球总决赛，这也是 CIMA 首次在中国举办全球总决赛。

以下为已进入成都市的外资金融机构：

华侨银行 OCBC Bank　　東亞銀行　　HSBC 汇丰

Standard Chartered 渣打银行　citibank　　ABN·AMRO　　三菱東京UFJ銀行 MUFG

NCB 南洋商业银行　　J.P.Morgan 摩根大通　　中宏保险 MANULIFE-SINOCHEM

Allianz 安联保险集团　　中意人寿保险有限公司 GENERALI CHINA LIFE INSURANCE CO., LTD.　　MetLife

Great Eastern 中新大东方　　招商信诺 CIGNA & CMC　　Haier NEW YORK LIFE 海尔纽约人寿

Groupama 安盟保险　　中英人寿 AVIVA-COFCO　　恒安标准人寿 Heng An Standard Life

BNP PARIBAS　　UOB 大华银行　　CIMA 皇家特许管理会计师公会

（七）金融人才资源丰富

成都宜居，创业环境好，生活成本低，金融人才呈净流入趋势，且稳定性良好。

成都是内陆地区高等院校、科研院所最集中的城市之一，尤其是以西南财大为代表的金融人才培养基地和以电子科大为代表的 IT 人才培养基地，可为成都金融业发展提供充足的金融、电子商务、软件研发等必需人才。

（八）地方法人金融机构发展迅速

成都银行通过增资扩股方式，成功引进境内外战略投资者，一次性募集资金60 亿元，改善了资产质量，完善了公司的股本结构和治理机制，监管评级为二级。截至 2010 年 9 月底，该行资产规模 1112 亿元，存款余额 974 亿元，贷款余额 643 亿元，已在重庆等地设立了分支机构，在中西部城市商业银行中列第一位。

2003—2010 年 9 月成都银行资产规模变动情况

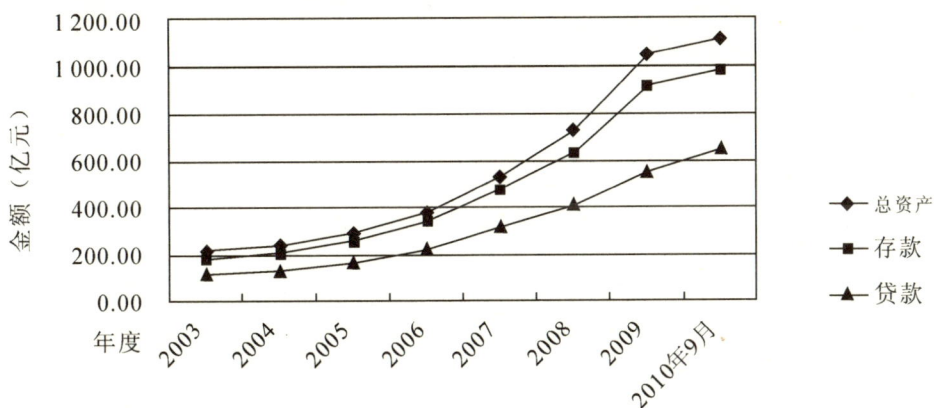

成都农商银行在以市为单位统一法人的基础上，成功组建股份制商业银行，监管评级为二级。截至 2010 年 9 月底，资产规模 1502 亿元，存款余额 1275 亿元，贷款余额 825 亿元。

2003—2010 年 9 月末成都农商银行资产规格变动情况

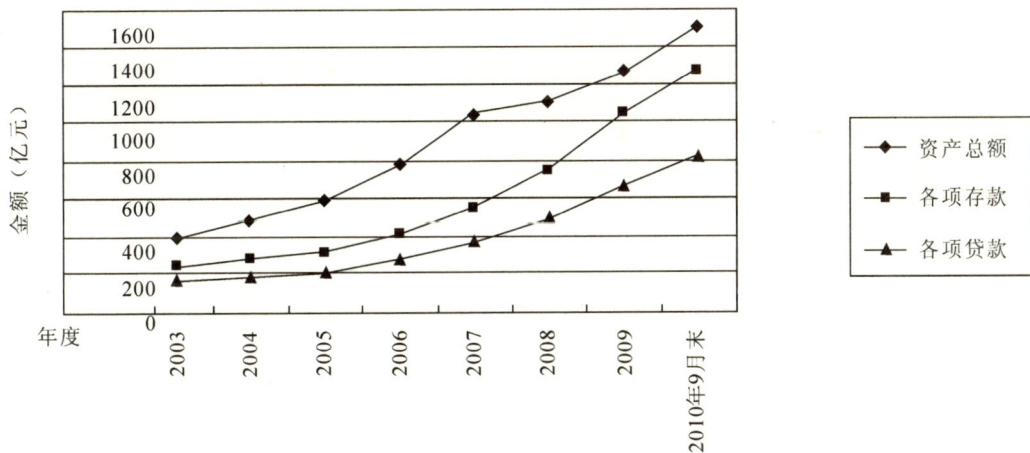

（九）金融生态良好社会信用体系健全

通过正面激励和逆向惩戒，推动政府、企业、个人和社会服务四大信用体系不断完善，成都被世界银行评为"中国内陆投资环境标杆城市"。

二、成都金融业发展目标

（一）总体目标

建设成为具有国际辐射力和带动作用的区域金融中心。

到 2012 年的具体目标为：全市金融业增加值占服务业增加值的比重超过 16％、占地区生产总值的比重超过 8％，金融机构数量超过 200 家，金融从业人员超过 20 万人，明显提升区域中心度。

（二）构建区域金融机构集聚中心

到 2012 年，新培育和引进境内外银行、保险公司、证券公司、信托公司、期货公司、基金公司等各类金融机构 50 家以上，新增境内外知名的金融业配套中介服务机构 20 家以上，初步形成金融业集群发展态势。

（三）构建区域金融创新和市场交易中心

区域金融组织、金融产品、金融交易、金融服务和金融管理创新的试验区。

区域票据市场中心、银团贷款中心、产权交易中心、离岸结算中心、金融中介服务中心和居民理财中心。

积极探索建立各类要素市场。

（四）构建区域金融外包及后台服务中心

金融外包服务企业集聚中心。

境内外金融机构的各类数据中心、资金清算中心、银行卡中心、研发中心、呼叫中心、数据灾备中心等后台服务机构集聚中心。

三、成都金融业发展措施

（一）做优金融发展环境

优化经济环境。大力推进产业结构调整，加快发展高端产业和产业高端，深化农村产权制度改革。

优化政策环境。进一步完善金融产业发展的政策措施。

优化法制环境。加强与金融监管部门协作，建立金融维权绿色通道，依法维护金融债权。

优化政务环境。大力推进规范化服务型政府建设，搭建金融服务平台，及时研究解决金融业发展重大问题。

优化信用环境。积极创建金融生态示范区，提高全民金融素质和诚信意识。

（二）促进金融业集聚发展

引进各类内外资金融机构，在成都设立区域性总部、法人机构或分支机构。

N

地铁一号线

火车北站

西南交通大学

人民北路

电子科技大学

西南财经大学

天府广场　一环路　二环路　三环路

四川大学

人民南路

四川师范大学

凯宾斯基酒店　人南立交桥

欧尚
宜家

天府立交桥

机场高速公路

滨河公园

金融总部商务区

海洋公园　歌剧院　斯顿馆区

外籍人士国际社区　国际酒店

希尔顿酒店　新会展中心

双流
国际机场

金融后援中心

地铁一号线

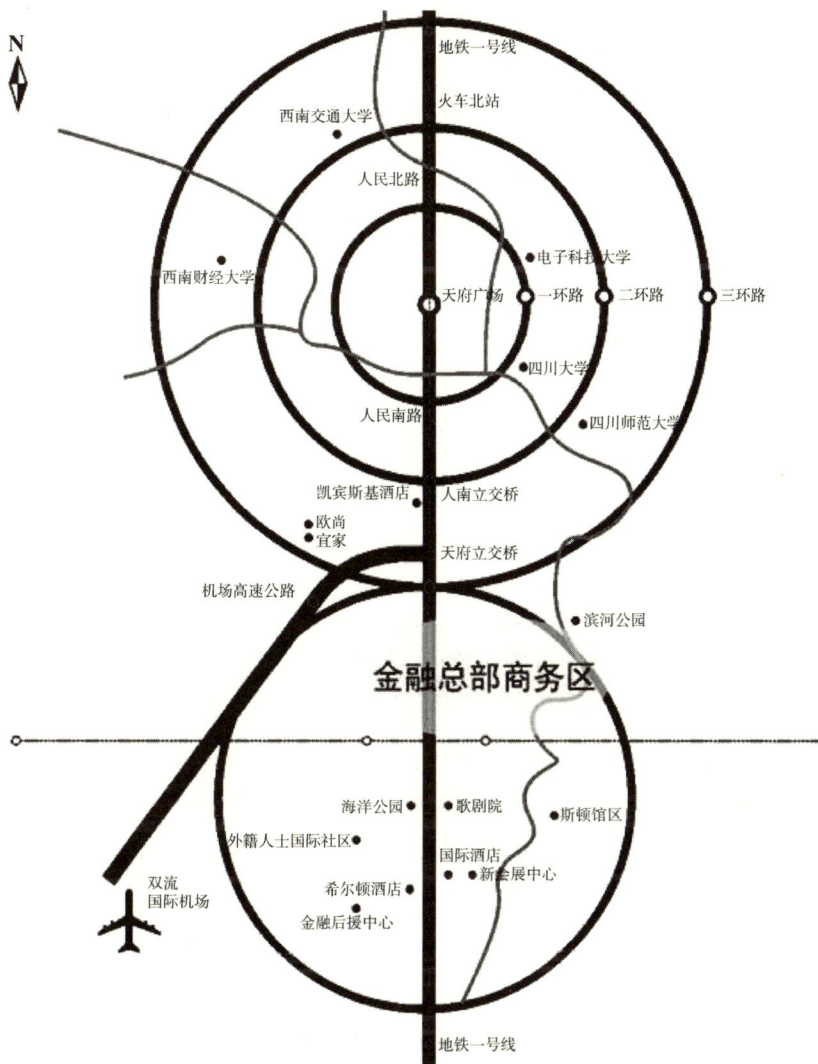

支持外来银行与本地银行开展股权和业务合作，鼓励驻蓉金融分支机构发展成为区域总部和管理总部。

支持地方金融机构和配套企业进行跨区域联合重组、设立分支机构，做大做强，积极发展地方法人保险公司、消费金融公司以及设立金融租赁公司、信托公司和基金公司等金融机构。

（三）推进金融创新

加快设立村镇银行、农村资金互助社、贷款公司以及小额贷款公司、融资性担保机构。

加快发展电子支付结算、电子商务交易平台、汽车金融等新兴金融服务机构。

加快引进境内外私募股权投资基金和创业投资基金，力争高新区成为首批代办股份转让系统扩大试点园区。

加快聚集国际知名的会计、法律服务、信用评级、资产评估等与金融相关的中介服务机构。

加快引进境内外知名金融机构后台总部和各类金融外包服务企业。

（四）强化金融载体建设

在成都南部新区规划 5 平方公里的金融总部商务区，按照功能集聚、政策集合、服务集成和人才集中的要求，进行规划建设。

四、努力将成渝双核建成中国金融第四极

正视发展差距：近年来，成都和重庆金融业发展迅速，但与北京、上海和深圳等中国最发达中心城市相比，差距十分明显。

2009年沪、渝、蓉证券公司数量对比

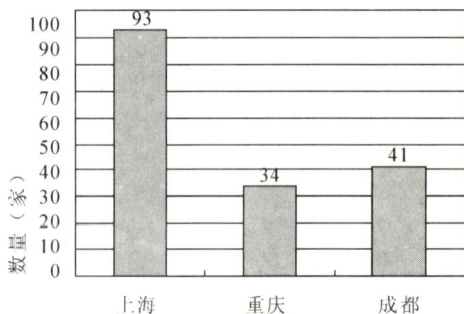

上海 93，重庆 34，成都 41（数量（家））

2009年沪、渝、蓉A股上市公司数量对比

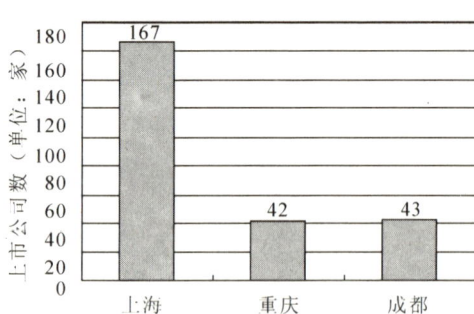

上海 167，重庆 42，成都 43（上市公司数（单位：家））

2009年沪、渝、蓉存款余额对比

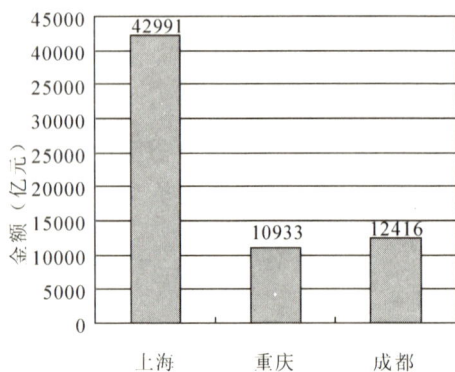

上海 42991，重庆 10933，成都 12416（金额（亿元））

2009年沪、渝、蓉贷款余额对比

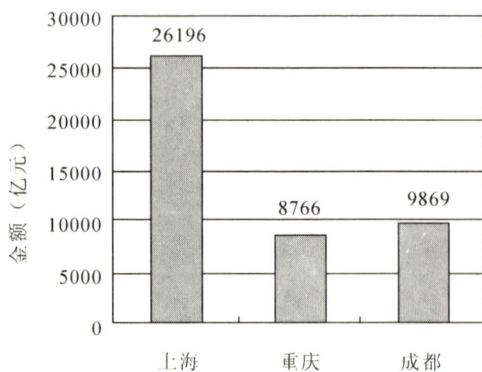

上海 26196，重庆 8766，成都 9869（金额（亿元））

2009年沪、渝、蓉金融机构对比

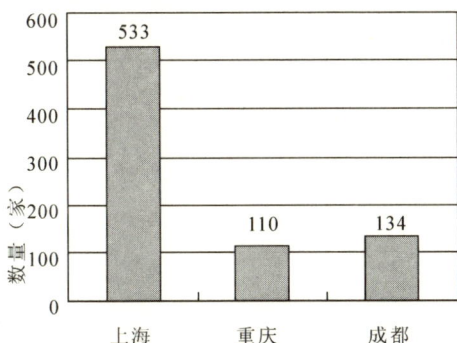

2009年沪、渝、蓉保费收入对比

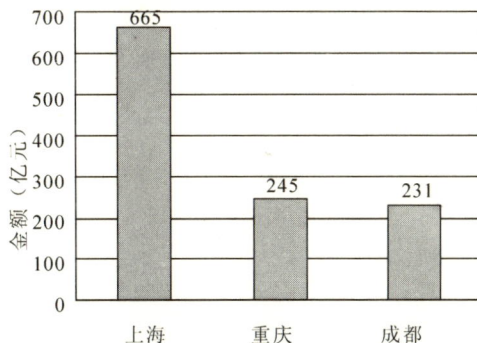

2009年沪、渝、蓉银行数量对比

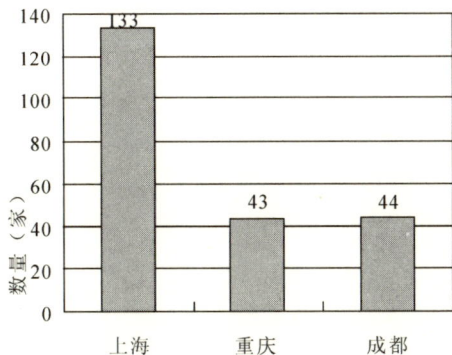

2009年沪、渝、蓉外资银行数量对比

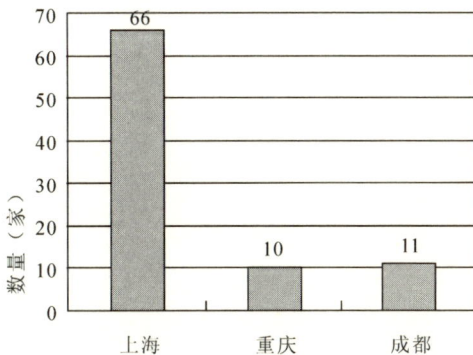

2009年沪、渝、蓉保险公司数量对比

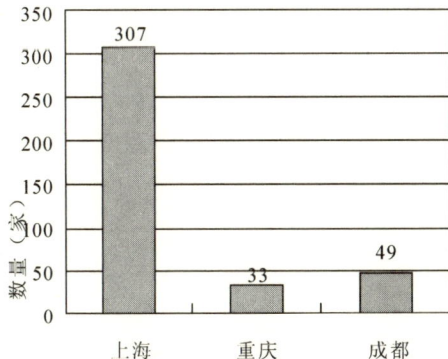

2009年沪、渝、蓉外资保险公司数量对比

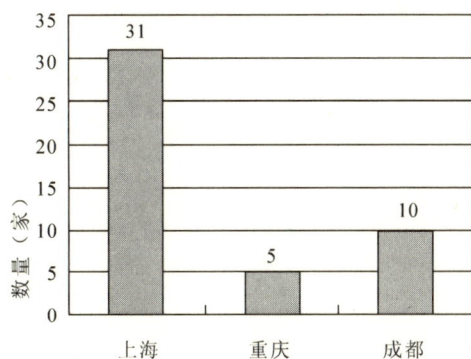

　　成都和重庆应抓住西部大开发的有利机遇，充分发挥经济基础较强、金融市场覆盖面广、金融业发展成本较低等比较和后发优势，实现创新型发展和追赶型发展。

　　成都和重庆作为成渝经济区双核，应积极推进两市金融交流合作机制化和常态化，共同建设中国金融第四极。

　　建设区域金融中心是一个长期过程，离不开中央有关部门和各位领导的继续

支持和大力帮助，离不开各金融企业和各位嘉宾的积极参与和携手共进。我们将抓住本次论坛提供的良好机遇，充分用好本次论坛取得的丰硕成果，认真学习借鉴先进经验，努力推动与各金融企业和西部各兄弟城市的交流合作、共赢发展，共推西部地区经济社会跨越式发展。

分论坛一：
国际资本论坛

开幕式和主题论坛主持人：四川省副省长陈文华

投资西部专题论坛主持人：四川省金融办主任陈跃军

企业上市专题论坛主持人：四川大学经济发展研究院副院长梁展崇

私募股权投资基金专题论坛主持人：毕马威会计师事务所合伙人邹小磊

在中国西部金融论坛
国际资本专题论坛上的讲话

全国人大常委会副委员长、民建中央主席　陈昌智

女士们、先生们，
朋友们：

上午好！

十月的成都，洋溢着成长和收获。作为第十一届中国西博会重要内容的第一届中国西部金融论坛，由四川省政府金融办、四川大学经济发展研究院、民建四川省委、四川省证监局组织在成都举行。今天探讨第一个议题：西部大开发与国际资本合作。首先，我对论坛的举行表示热烈的祝贺，向参加论坛的海内外朋友们表示亲切的问候，向支持论坛举办的中央有关部门、四川省委省政府表示感谢。

去年十月份，也是在成都，我参加了第一届西部国际资本论坛，并与大家作了交流，同时看到一批西部企业和国际投资机构积极携手合作，我非常欣慰。国际资本论坛作为"西博会"的重要活动，今年已是第二届。适逢全国西部大开发工作会议和中央对西部大开发新十年作出战略部署之际，再次举办这一论坛，对于贯彻中央精神，凝聚各方力量，打造合作平台，促进经济发展，具有十分重要的意义。

本届论坛以"西部大开发与国际资本合作"为主题，就"未来十年西部大开发战略布局和投资政策"和"汇聚国际资本、提升金融服务"、"促进结构调整、

加快西部建设"等议题展开讨论，并对后金融危机时代，中国公司在海外上市的利弊分析、西部地区企业的上市和融资问题、西部发展股权投资基金优势特点等进行研讨，我认为具有很强的现实意义。

我们知道，资本是生产活动的四大基础要素之一，是经济增长的首要推动力。构建完善的金融支持体系，实现资本在西部地区的聚集对确保西部大开发的顺利推进，缩小西部地区与东部地区的发展差距，实现国家西部大开发第二个阶段的战略目标，都有着重要的作用。西部大开发的过去十年，西部地区的基础设施和投资环境都有了显著改善，金融支持的主体也从早期政策性金融为主，发展为现在政策性金融和商业金融内在联动的综合体系。在西部大开发的新阶段，西部地区金融支持体系建设中，资本市场可以发挥很大的作用。私募股权投资和风险投资，作为创新金融工具，是创业活动的孵化器，也是经济增长的重要推动力，在西部地区资本市场建设中可以优先考虑。从发展的眼光看，各种符合市场规律的投资形态可以进行尝试和试点，合理、适度引导金融创新，为资本形成创造条件，发挥投资的乘数效应。

站在历史的新起点，西部大开发新阶段的工作依旧任重道远。今天我提出三点希望：第一，我希望西部国际资本论坛要继续办下去，而且要越办越好。四川大学经济发展研究院等各有关承办单位要通力配合，将论坛办出成效，办出影响。第二，我希望西部地区能够形成高效的资本结构，合理引导资本流入知识型、成长型的产业，借助国际资本调整经济结构，推动产业升级。第三，我希望西部地区注意资本的生态化，发展绿色金融，推动西部地区经济的可持续发展。

我相信西部大开发的新十年一定会取得更大的成就。国际资本论坛这个西部企业和国际资本交流与合作的平台，也一定会为西部的发展发挥特有的作用。我会一如既往，尽我所能地关心、关注和支持论坛。希望各位嘉宾能够畅所欲言，深入交流，共话西部美好明天，共创西部美好未来。

最后，预祝本届中国西部国际资本论坛取得圆满成功。

谢谢大家！

在中国西部金融论坛
国际资本分论坛上的致辞

四川省人大常委会党组书记、副主任　甘道明

尊敬的陈昌智副委员长，
尊敬的各位领导，
各位朋友，
女士们、先生们：

　　大家上午好！

　　金秋十月，丹桂飘香。在这美好的时节，天府四川迎来了海内外宾朋共聚一堂，出席由中国人民银行、中国银监会、中国证监会、中国保监会和四川省人民政府共同主办的第一届中国西部金融论坛（国际资本分论坛），共话西部开发与资本合作，共商四川和西部经济社会发展大计。受省委书记、省人大常委会主任刘奇葆和省长蒋巨峰的委托，我对本届论坛的召开表示热烈的祝贺，向出席论坛的领导、嘉宾和朋友们表示诚挚的欢迎！

　　在陈昌智副委员长的亲切关怀下，在中央有关部门和西部省区的大力支持下，四川大学经济发展研究院联合有关部门，于去年10月第十届"西博会"期间，成功举办了中国西部国际资本论坛暨融资洽谈会，取得了很好效果。今年，在迎来新一轮西部大开发重大机遇之际，在中国人民银行等国家相关部委的支持下，为推进西部金融中心建设，打造西部金融服务平台，四川省人民政府首次举办西部金融论坛，并将国际资本论坛以专题论坛的形式举办，是提升层次、整合资源、强强联合、共同促进的有益尝试。

本届论坛得到了全国人大常委会、国家发改委、财政部、科技部、中国人民银行、中国银监会、中国证监会、中国保监会、中国社科院、国务院发展研究中心、世界银行国际金融公司等中央单位和国际组织的大力支持，得到了伦敦证券交易所、纽约证券交易所、新加坡证券交易所、深圳证券交易所、软银中国、德同资本、中信建投、中科招商、深圳创投、毕马威等近百家世界著名交易所和国内外资本机构的热情参与。四川大学为论坛的举办做了大量工作。为此，让我们再次以热烈的掌声，对上述单位代表和为本届论坛成功举办作出贡献的同志们，表示诚挚的感谢！

本届国际资本论坛，正值新一轮西部大开发启动的新形势、新机遇，论坛定位"西部开发与国际资本合作"，对于探讨国际资本投资西部和西部企业融资发展具有十分重要的意义。

实施西部大开发战略，是党中央、国务院贯彻落实邓小平同志"两个大局"战略构想，加快西部地区发展，全面建设小康社会作出的重大决策。今年7月，在实施西部大开发战略10周年的重要时刻，中央召开了西部大开发工作会议，对未来10年深入推进西部大开发作出了重大部署，开启了西部大开发的新征程。10年西部大开发，四川经济总量增长2.87倍，年均增速达11.6%。特色优势产业快速发展，三大产业结构由25.4：37：37.6调整为15.8：47.4：36.8。基础设施建设取得突破性进展，生态环境保护取得显著成效，改革开放深入推进，全方位开放格局初步形成，招商引资规模不断扩大，全省进出口、出口、进口总额三项指标均跃居中西部第一位。社会事业全面发展，人民生活水平不断提高。战胜特大地震灾害，灾区加快恢复振兴。10年来我省发展成就充分证明，西部大开发战略功在当代、利在千秋。今后10年，是全面建设小康社会的关键时期，也是深入推进西部大开发承前启后、实现西部发展历史性跨越的关键时期。中央对西部大开发的定位更高、支持力度更大、着力重点更加突出，在继续支持基础设施建设和生态建设的同时，大力支持西部地区发展特色优势产业，强调建设国家重要的能源基地、资源深加工基地、装备制造业基地、战略性新兴产业基地，以及构筑国家生态安全屏障。这必将增强西部地区的自我发展能力，加快西部地区的大开发、大开放。

金融是现代经济的核心，资本是经济发展的重要引擎。新一轮西部大开发，在解决观念、规划、项目、人才、体制创新等问题的同时，说到底还是需要巨额资本的投入。资本作为第一推动力，是西部大开发中资源配置、组合和转化的关键因素。西部地区无论是资源开发、特色优势产业发展，还是产业结构优化升级、生态环境保护和建设，都需要强大的资本支持。从一定意义上说，新一轮西部大开发成效的大小和进展的快慢，在很大程度上取决于资本的聚集和投入的强度和力度，取决于西部金融体系和融资能力的发展状况。这需要按照市场经济的要求，构筑和完善西部大开发的投融资机制、搭建投融资平台。充分发挥财政、银行和资本市场的作用，在财政政策和货币政策向西部倾斜的同时，加快金融创新发展，大力发展多层次资本市场，在更深、更广的领域加强开放合作，采取多种方式积聚西部大开发的资本。

西部未来 10 年发展，机遇和挑战并存，四川要实现发展速度更快，经济实力更强，走在西部开发的前列，必须把加强金融建设作为重大战略来抓。一要进一步加大银行信贷对经济的支持力度。大力培育适应现代市场经济体制的现代金融企业，充分发挥市场在金融资源配置中的基础性作用，让金融企业更好地顺应市场规律，通过价格、竞争等无形手段推动金融资源优化配置。逐步放宽市场准入，注重金融机构主体的多元化，创造鼓励金融机构实现内生增长的良好环境。引导各金融机构加强与区域产业政策的联动，根据自身发展战略，将业务延伸到重点产业链和特色产业集群中，加大对四川高新技术、优势资源、装备制造和农产品加工等优势产业、重点项目和重点企业的支持力度。二要积极拓展直接融资渠道，把发展资本市场作为一件大事，摆上政府工作重要的议事日程，纳入地方国民经济和社会发展的总体部署。一方面，进一步完善上市公司法人治理结构，提高公司再融资能力。加快培育上市公司后备资源，通过举办上市推介会推动更多企业上市融资。另一方面，促进四川优势企业发行债券、短期融资券，积极组建和引入风险投资、创业投资基金，争取房地产投资信托基金和集合资金信托发行改革试点。引导金融机构选择房地产、高速公路、电力等具有稳定现金流的资产，开展资产证券化等创新业务。三要推动成都区域性金融中心的建设。不断完善区域性金融中心的各种功能，增强辐射力，加强与沿海地区在信用建设、跨境经营、城际金融等方面的合作，把成都建设成为以投融资为主要内容的区域性金融资本集散中心、金融活动交易调控中心、金融信息中心和中介服务中心。

资本的流动性、开放性是其天然属性。资本的国际化和多样性，将是西部大开发非常重要的突破口和新的方向。对于西部省区来讲，下一步要积极承接东部优质要素的转移，进一步进入国内资本市场和国际资本市场，吸引大批国内国际的银行基金、各类投资机构和社会资本，助力西部优势产业的发展和产业结构的调整升级。实施新一轮西部大开发，必须走开放合作之路，站在全球市场竞争与重构的高度，从长远和战略考量出发，以项目合作、技术合作、风险资源开发、

股权投资合作等多种方式，充分利用国内资本和国际资本，将西部得天独厚的资源禀赋、丰富的劳动力和科技教育文化资源优势转化为经济社会发展优势。在西部大开发新的10年，我们将进一步深化对内对外全方位开放合作，为促进西部地区融入东盟自由贸易区，扩大与亚太经合组织、上海经济合作组织、欧盟经济合作组织的合作，引导国际资本投向西部重点产业、重点园区、重点企业、重大项目。四川将深入实施开放合作战略，努力建设全方位、多层次、宽领域的开放合作格局。目前，我省已经与世界203个国家和地区建立了经贸关系，有145家世界五百强企业落户或开展投资合作，对外贸易和外商直接投资近几年都保持了快速发展的良好势头。

资本市场是金融体系中最活跃的要素，而且成为发达金融体系的核心。未来10年西部的发展和开发一定需要资本市场的推动。西部企业要发展，应该进一步推动更多企业走向资本市场，与社会化资源结合。四川高度重视资本市场的培育和发展，致力为资本市场发展营造良好环境。四川现有78家A股上市公司、9家境外上市公司，居中西部第一位。省内资本市场中介服务体系门类齐全，现有4家证券公司、4家期货公司、202个证券期货营业网点，机构数量居中西部第一。我省初步形成了首发企业上市培育体系，多种融资工具广泛运用，已上市企业融资能力明显增强，资本市场对地方经济的拉动作用日益增强。特别是2008年"5·12"汶川特大地震以来，在证监会灾后重建"绿色通道"政策的大力支持下，在四川省委、省政府的关心重视下，四川资本市场呈现出跨越式发展的强劲势头，为四川全省经济巩固回升、加快发展提供了有力支撑。但是，从总体看，四川和西部资本市场的发育仍然不足。加强金融创新，大力发展西部资本市场和积极利用国际资本市场，形成多元化、多层次的资本市场体系，是深入实施西部大开发战略面临的重要课题和当务之急。

随着未来10年西部大开发战略的深入实施，西部发展的优势必将更加突出，西部投资的潜力必将更加显现，西部的投资环境必将更加优化，这将为国际资本进入西部提供十分有利的条件和难得的机遇。国际资本论坛既是金融论坛的有机组成部分，也是本届西博会的重要内容，将进一步帮助我们启发思想，拓宽思路，赢得共识，增加措施，推动国际资本更加有效地参与西部大开发战略的实施。西部开发的大推进，四川发展的大跨越，需要资本的力量、金融的支持，需要吸引一大批具有国际视野和战略眼光的银行家、投资家、企业家的光临。我们将借助西博会的这个交流、贸易和投资平台，进一步加强与西部兄弟省区市和国内外机构的沟通联系，努力为国际资本与西部企业合作创造良好条件，用西部人民最大的热情欢迎国际、国内的投资机构及一切有志于参加西部开发的有识之士，加入到中国西部大开发这个伟大的事业中来。

最后，再次热烈欢迎和衷心感谢光临本届论坛的所有领导和嘉宾！预祝本届论坛取得圆满成功！

谢谢大家！

在中国西部金融论坛国际资本分论坛上的演讲

全国政协常委、重庆市人大常委会副主任 卢晓钟

尊敬的陈昌智副委员长，

女士们、先生们，

朋友们：

很高兴被邀请参加中国西部金融论坛并在这里发言。第十一届中国西部国际博览会和中国西部金融论坛的召开正值两个关键的时刻：一是今年是西部大开发战略实施 10 周年，国家正启动新一轮的西部大开发战略；二是今年是"十一五"最后一年，明年将开始实施新的"十二五"规划，因此，西博会和金融论坛的举办对于推动西部地区在"十二五"时期又好又快发展具有十分重要的意义。

今天，我借这个机会，向大家简要介绍一下重庆构建长江上游金融中心的基本情况。依托长江黄金水道的优势，重庆成为中国西部的交通枢纽、工业重镇和商贸集散地。1890 年，重庆设立中国内陆地区第一个海关；1899 年，重庆出现第一家银行——中国通商银行重庆分行；1904 年，重庆成立了西南第一家本地银行——濬川源银行。以后，重庆又相继成立聚兴诚、美丰、金城等近 10 家银行。八年抗战期间，作为中国战时首都，重庆共有银行、钱庄约 250 个，资本占全国资本的 15％，此外还有保险公司 53 家，重庆也是全国唯一的外汇交易和管理中心。

1997 年重庆直辖和 2000 年国家实施西部大开发战略以来，重庆金融业获得了快速发展，金融业增加值占全市 GDP 比重 1999 年仅 4％，到 2009 年比重已达

6％。今年1～6月，金融业增加值占全市 GDP 比重已到 8.2％，金融业已跃升为重庆的支柱产业。

金融产业发展在重庆呈现以下 6 个特点。

一是金融机构加速集聚。重庆已成为西部地区地方法人金融机构最多的地区。二是金融资源规模迅速扩大。今年1～9月，全市各项贷款余额超过 1 万亿元，同比增长 20％，各项存款余额 1.3 万亿元，同比增长 22％，全市境内外上市企业 45 家。1～9 月实现保费收入 258.9 亿元，同比增长 35.3％，保费规模在西部地区居第二位。三是金融机构盈利能力和资产质量迅速提高。其中银行业金融机构今年1～9月实现盈利 195 亿元，同比增长 56％，银行业不良贷款率从直辖前超过 35％降至目前的 1.08％，居西部第一。四是地方金融机构做大做强。其中重庆农村商业银行注册资本 70 亿元，重庆银行和重庆三峡银行资本金均达 20 亿元，昆仑金融租赁公司资本金达 60 亿元。五是金融要素市场已有 6 类，分别是股份转让中心、联合产权交易所、农村土地交易所、畜产品远期交易所、药品交易所和内河航运交易所。六是金融发展环境全国领先。

下面，我想再谈一点体会，5 天前刚刚闭幕的党的十七届五中全会确定的"十二五"规划建议将为西部地区经济社会跨越式发展，为金融业和国际资本在西部地区的发展提供前所未有的机遇。

我昨天刚参加了在北京举行的为期两天半的全国政协第十一届常委会第十一次会议，这次会议的主要任务就是学习贯彻十七届五中全会精神。会议由贾庆林主席主持，温家宝总理专门到会就"十二五"规划建议的说明作了两个半小时的重要报告。制定"十二五"规划的指导思想，必须以科学发展为主题，以加快转变经济发展方式为主线，深化改革开放，保障和改善民生，巩固和扩大应对国际金融危机冲击的成果，促进经济长期平稳较快发展和社会和谐稳定，为全面建成小康社会打下具有决定性意义的基础。首次把"科学发展"写入 5 年规划，"十二五"规划建议提出了今后 5 年经济社会发展的 5 个主要目标和 5 项主要任务。第一项主要任务就是坚持扩大内需战略，建立扩大消费需求的长效机制，第四项任务是促进区域协调发展，推进西部大开发、中部崛起、东北振兴、东部率先。西部地区有占全国 29％的近 4 亿人口和占全国 71％的国土面积，而西部地区经济社会发展仍滞后于东部沿海地区。今年 7 月初，中央召开了西部大开发工作会议，作出了推进新一轮西部大开发的战略决定，提出西部大开发在我国区域协调发展总体战略中具有优先地位。为什么具有优先地位？一是"十二五"时期，即今后 5 年，要为全面建成小康社会打下具有决定性意义的基础。到 2020 年全面

建成小康社会，前5年是关键，没有西部的全面小康就没有全国的全面小康。二是"十二五"规划需求扩大内需、扩大消费，西部地区加速工业化、城镇化进程，4亿人富裕起来就是巨大的内需、巨大的消费。4亿人，超过一个美国。三是促进社会和谐稳定，西部有广大的边疆地区和民族地区，可促进民族团结和边疆稳定。

在国家战略的推动下，在"十二五"规划纲要的推动下，西部地区将迎来前所未有的历史机遇期，经济社会大发展，金融需先行。昨天，王岐山副总理在西博会上讲：中国政府将以更大的决心、更强的力度、更有效的措施实施西部大开发战略，从财税、金融等方面给予优惠政策支持。同时，西部地区新一轮的大发展也绝不会沿袭东部沿海地区过去30年发展的方式，而会坚持科学发展，更加注重以人为本，更加注重全面协调可持续发展，更加注重统筹兼顾，更加注重保障和改善民生，促进社会公平正义，这些都需要金融业的全面参与和有效支撑。我相信，西部的经济社会发展会为金融业的发展、国际资本的进入提供新的巨大的舞台。

最后，衷心祝愿论坛取得圆满成功！

我国汇率改革思考及西部民间资本积累

全国政协常委、通威集团董事局主席　刘汉元

尊敬的各位来宾，

女士们、先生们：

上午好！

从 2005 年 7 月 21 日起，我国开始了新一轮汇率制度改革，主要实行以市场供求为基础、参考一揽子货币进行调节、有管理、更富弹性的人民币汇率机制。五年多来，在主动、可控、渐进原则指导下，我国汇率机制改革有序推进，取得了预期效果。2010 年 6 月 19 日，在我国经济回升向好的基础进一步稳固、增长格局基本稳定的情况下，根据国内外经济、金融形势及我国国际收支状况，央行决定进一步推进人民币汇率形成机制改革，人民币小幅升值，最初两周升值幅度达 0.87%，之后陷入盘整，8 月 12 日人民银行下调汇率，人民币贬值至 7 周来最低位。总体上看，6 月 19 日至今，人民币对美元累计升值幅度约 2%。

　　美国政府对此并不满意，要求人民币升值的呼声依然未减，施加的压力继续增大，欧盟的主要国家也轮番附和。人民币汇率已成为全球炙手可热的核心问题，并已然由美国"独唱"逐渐演变为多国"合唱"的局面，人民币升值面临的国际压力越来越大，汇率问题硝烟四起。作为主权独立的大国，虽然我国不会也不能简单地屈从欧美国家压力而让人民币迅速升值，但对来自包括美国在内的主要贸易伙伴，尤其是大量与我国保持着密切政治、经济关系的欧洲主要国家、新兴市场国家的集体诉求，却不可能长期置之不理，否则将可能损害我国建立的负责任全球大国的形象。

　　从自身发展现状和需求来看，加快人民币汇率改革，让人民币适当、渐进升值，将是未来一段时间我国汇率改革的必然趋势。在此趋势下，虽然不少人提到1985年的"广场协议"导致日本经济陷入了十多年的停滞，但仔细分析，1988年与1985年相比，在日元对美元升值86.1%的同时，多个国家的货币也在大幅升值，如德国马克升值70.5%，法国法郎50.8%，意大利里拉46.7%，英国英镑37.2%。由此可见，日元升值并非日本经济衰退的主要因素，更多是由于日本人口多、土地少、市场小、资源紧缺、人口老化、经济高速发展到一定程度出现转折，加上汇率原因等综合因素相互作用和影响的结果。

　　同时有研究者认为，如人民币每年升值幅度超过5%，将引发大量外向型企业倒闭，并对我国经济产生严重负面影响，造成大量失业、社会动荡等。但从我国经济运行的实际情况看，自2005年启动汇改以来，2007年和2008年人民币对美元年度升值幅度均达6.8%，而中国经济仍然快速增长，出口稳步上升，社会和谐稳定，可见5%并非人民币升值幅度大限。从长远看，我国人口数量、人均资源占有量的客观国情，决定了我们依然需要大量的资源输入、引进，才能保持长期持续的发展。在这种情况下，由于国际大宗商品主要以美元计价，尤其是随着我国经济的快速发展，中国人的活动范围覆盖全球各个角落，人民币兑美元升值，人民币越来越值钱，将有利于中国在世界范围内购买各种资源、设备和先进技术，并将会提升我国在铁矿石、农产品、原油等大宗原材料的进口能力，有助于降低国内企业的生产成本，进而促进相关产品的消费，在改变国际贸易不平衡状态的同时，使人民币升值成为国内内需拉动的启动器、加速器。事实上，我国要用出口来尽力增加外汇储备的时代早已经过去了。目前，我国已采取了诸多调控措施来防止经济过热，在这种情况下，让人民币适当升值，对外，可降低我国经济对外需和出口的过度依赖；对内，则可以鼓励经济维持微热或温热的状态，促进国内内需的上升，让内需成为带动我国经济增长的主要动力，从而消化掉对外贸企业出口和外需的抑制效应。此举既可改善国内劳动力福利、提高居民可支配收入，也可避免继续把消耗国内资源所得的宝贵财富，换成美元资产而不断贬值。

今年9月底我国外汇储备已达2.64万亿美元，位居全球第一，占我国去年GDP的53.9%，比亚洲其余国家和地区外汇储备的总和还多，并且超过了世界主要7大工业国的总和。相较而言，美国、英国、德国等发达国家均不到GDP的2%，日本也仅为20%左右。国际上较为公认的合理外汇储备数量，是一国三个月、最高不超过半年的进口贸易总额。据此推算，我国目前外汇储备已超过了两年的进口贸易总额，大大超过了合理的储备水平，并产生了诸多负面影响，尤其在现行外汇管理体制下，随着外汇储备增长，外汇占款投放量不断加大，占款的快速增长不仅从总量上制约了我国宏观调控效力，还从结构上削弱了宏观调控的效果，并加大了人民币升值压力，使央行调控货币政策的空间越来越小。

对我们这样一个人口众多、资源相对贫乏的大国来讲，经济规模还将继续扩大，而长期高达60%以上的外贸依存度，既不合理也不符合科学发展观要求。仅靠简单、粗放地以资源、环境、廉价劳动力、不可持续发展为代价，大量输出低端、廉价商品而赚取微薄利润的发展方式将无法持续。面对目前的国际氛围，即使人民币不升值，美国、欧盟等主要经济体也会可能会将自身货币贬值，这样对我国经济带来的影响更大，不仅其实际效果与人民币升值一样，还会让我们失去道义上的主动权。当然，我们也可以让人民币继续贬值，但这将会再一次遭受大家对我国大国道义的质疑，同时也可能损害我们建立的负责任全球大国的形象，影响我们国家的和平崛起进程。因此，人民币升值事实上利大于弊，即便退一步来说，面对人民币升值带来的其他不利影响，我们也可以在两害相权取其轻中作出选择。最终让人民币在一个更大的弹性制度下，适时、合理、渐进升值，并将其作为一个经济发展方针长期固定下来，而非阶段性的权宜之策。只要切实做好我国汇率体制改革的各项配套措施，精心规划，从长计议，由此可能产生的一些弊端，以及短期带来的负面影响是可以消除的，也必将促进我国经济持续、健康、稳健发展。

具体到西部经济发展来讲，自1999年国家实施西部大开发战略以来，我国西部地区充分发挥特色资源优势，实现了经济的较快增长，GDP总量从1.66万亿元增加到6.68万亿元，10年间增加了3倍多，年均增幅达12%，大大高于全国同期和东部地区的增速。尤其是在应对国际金融危机冲击的过程中，西部地区经济发展势头强劲，全国经济增速前5位的省份有4个在西部，西部经济总体增

速高于东部 2.8 个百分点，城乡居民收入分别是 10 年前的 2.7 倍和 2.3 倍，可以说，10 年来，西部大开发取得了重要成就。

尽管东、西部发展速度差距在缩小，但绝对差距却在继续扩大。2000 年，西部地区占全国 GDP 比重为 17.2％，2009 年底为 18.5％，几乎没有太大增长。10 年来，东、西部地区人均 GDP 差距扩大了 3 倍多。此外，西部地区在人均居民可支配收入、农民人均纯收入、人均消费支出上均处于全国最低。以参加社会养老保险人数为例，西部仅为 5％左右，是东部的 1/10。全国 592 个贫困县中，西部地区达 375 个，贫困人口占全国的 66％。外贸方面，西部出口额仅占全国的 4.3％，东部地区则为 88.3％，是西部的 20 余倍。

同样，经过西部大开发 10 年高增长，西部地区金融发展程度依然低于东部地区。就信贷来看，1988—2000 年，西部地区获得的银行信贷占全国总量的比重仅为 14％，仅为同期东部地区的 1/4，而 2000 年之后的这 10 年间，尽管西部地区各项贷款增速均超过中、东部地区，但直到 2010 年 9 月，西部地区信贷总量也仅占全国的 18.1％；在资本市场上，也呈现出向东部地区倾斜的现象，截至今年 9 月份，我国上市公司总数 1900 多家，东部地区国内上市公司数量占 60％以上，西部地区占比不到 18％，相比 1999 年底的 17.19％，几乎没有增长，上市公司总市值更是只有东部的 1/9；在国内债券融资方面，西部地区仅占 6.5％，而东部地区占 79.9％，是西部的 12 倍之多；在外资利用上，2009 年西部地区实际利用外资仅占全国比重的 9.4％，是东部地区的 1/7。

因此，在国家继续推进西部大开发之际，除西部地区进一步增强自我发展能力，不断加快产业结构调整步伐，打造新能源等西部特色、优势产业，实现东西部产业的承接、转移和升级之外，国家还须改变目前西部金融资源配置的区域性失衡局面，强化对西部的金融支持力度，加速培育西部资本市场的成长和可持续发展，最终实现西部经济、产业结构升级与调整，确保西部在下个 10 年里继续高速增长，实现我国经济、社会的整体腾飞。

谢谢大家！

资本市场与西部跨越式发展

中国证监会研究中心主任　祁　斌

尊敬的各位领导，
尊敬的各位嘉宾，
女士们、先生们：

非常感谢主办方邀请我参加第一届西部金融论坛，我觉得这是一个很好的学习机会。昨天学习了一下会议材料，发现西部金融机构和企业的情况非常好，生机无限。我想，党中央和国务院在很多年以前提出西部大开发战略，可以看到很多措施和方案正在得到落实，我想借这个机会，就论坛的主题谈三点看法，供同志们参考。

一、西部如何实现跨越式发展

2010 年，西部好几个省邀请我们去参加会议，推动上市，给当地领导干部做讲座。我们去过新疆，内蒙古，重庆，加上这次成都。我们感觉到西部对于经济发展的需求、思考非常多。怎么才能够真正实现快速发展？前段时间，陪同尚福林主席去新疆参加一次活动，我们和当地的干部座谈的时候谈到一个观点，新疆和美国硅谷共同之处就是都是在西部，新疆是中国的西部，硅谷是美国的西部；另一个共同点就是当初经济都比较落后，硅谷曾经是淘金的地方，美国最落后，最原始的地方，新疆的经济相对于中国来说，是相对欠发达。现在的硅谷是美国最先进、最发达的地方，它怎么能够从一个最落后的地方变成最先进的地

方，道理非常简单，它实现了与资本市场的对接，培育了大量高科技企业，比如google。硅谷一下子从不毛之地变成美国最发达地区。当然，新疆的情况和硅谷有所不同，技术含量没有那么高，但是新疆也有很多优势，可以与资本市场对接，加快经济发展。我们在新疆还看到一家企业——金风科技，在戈壁滩上建了两座小楼，40多个人，搞了一套系统，做风力发电，50%以上的指标都超过了通用电器（GE）。这就是说即使一个相对落后的地区，发展高科技产业也不是没有机会，关键是创造一个良好的与资本市场的对接机制。

我们2010年3月去日本参加会议，看到北海道一个很小的交易所，只有13个人。北海道是日本的西部，北海道有77个公司挂牌，如果说北海道没有这77个公司挂牌，没有公司与资本市场对接，北海道可能完全就是一片荒野。西部地区把优势资源和资本市场对接，才能够真正实现跨越式发展。我们认为具体可以做如下几个工作：

第一个，无论是从财政和税收角度，政府应更多地推动企业上市。

第二，应该加快科技园区的建设。去年我们推动创业板第一天，28家公司IPO，3家是四川的，名列前茅，大家总结为什么四川会名列前茅？发现一个重要原因就是四川的资源比较好，所以需要加快园区发展。

第三，要推动区域金融的发展，尤其是应该更多地吸引风险投资，更多的PE，比较活跃灵活的资本。地方政府在建设科技园区的时候，更多地注重吸引科技人才，往往忽略金融人才。应该说金融人才的重要性至少不比科技人才的重要性差，因为金融有很多乘数效应，能够带动一片科技园区。

第四，要积极参与多层次资本市场建设，尤其是推动全国场外市场发展。各个地区，尤其是科技园区应该积极配合，共同推动多层次资本市场体制的建设。

二、中国资本市场"十二五"规划

我们正在起草资本市场"十二"规划，在一年多的调研中，我们一直在思考，中国资本市场未来五年究竟要干什么？最主要的目标是什么？资本市场主要应该服务于中国经济发展转型。

中国经济在金融危机前后发生了一个重大变化，中国经济在全球排名从金融危机前的第四、第五，变成了第二，经济总量仅次于美国，有非常强大的实力。但是我国人均GDP排名是第99，排名98位的是阿尔巴尼亚，是我们的兄弟国家。中国总量很大，但整个经济的质量、效率和素质相对比较落后，形成了巨大的反差。中国经济体实力较强和我们的很多产品和行业在全球没有谈判力，形成巨大的反差。举个例子,我国钢铁产业 2009 年全球产量第一,后面 20 名加在一起都没有我们多,我们是当之无愧的第一。但是很不幸的一个数据是,去年我们进口钢材平均价是出口钢材的 200%。我们购买特种钢,经济附加值比较高,我们卖给别人的都是粗钢,经济附加值比较低。

另一个更加吃惊的例子是 2010 年南非世界杯,虽然我们的男足没有打进去,但是我们的一个产品打进去了,叫做"呜呜祖啦",也就是大喇叭,我们在南非销售一百万只"呜呜祖啦",当地售价折合人民币是 56 元,但是同志们可能猜都猜不到生产这个产品的厂家的利润是多少,利润是两毛钱,也就是说它的利润率不到千分之四。

这两个例子能够证明,中国经济大部分处于全球产业的中下游,我们非常有必要提升中国的技术含量,提升中国产业的全球竞争力,提升中国经济的可持续发展能力。中央提出转变经济发展方式是一个非常大的命题,内容非常丰富。其中最为重要的两个内容,第一个是提高中国经济的产业竞争力,第二个是提高中国经济的可持续发展能力。要做到这两点,资本市场能够扮演非常重要的作用。

比如说中国经济的整合,不论是化工、钢铁还是汽车产业等未来都将面临大量并购事件发生。很多发达国家,尤其是美国,在类似的经济发展阶段,即 1900 年前后重工业发展过程中,所有的产业都经历了大规模的并购浪潮。最夸张的是美国的炼油产业,曾经并购了 400 家企业。

另外,中国经济未来三十年能够找到战略新兴产业,也更加需要发挥资本市场的作用。在 2010 年上半年,我们参加了发改委牵头的战略性新兴产业规划。讨论过程中,有些同志认为中国发展未来三十年新兴产业,先把能够想到的三十个产业全部列出来,把其中 26 个没什么希望的排除掉,剩下四个就是最有希望的。在历史上,时光倒推三十年,1970 年的时候,如果当时美国"发改委"也拿出三十个产业并在一起,把一些没有希望的剔除掉,但是这三十个产业中正好少了四个产业:第一个是个人电脑(PC),第二个是互联网,第三个是电信,第四个是生物制药。因为这四个产业在三十年以前根本不为人所知道,但是恰恰成了未来三十年全球最重要的四大新兴产业,也就是说这些产业最终是通过市场发现,通过市场培养,尤其是通过资本市场发现,资本市场培养。同样的道理,未来三十年战略性新兴产业也应该通过资本市场发现和培养。

中国在 2009 年推出创业板,总体来说是比较成功的,因为可以看到,创业板带动了大量的民间资本,激发了民间创业的热情。包括很多年轻人,大学生去创业等等。同时,创业板带动了很多高科技产业跟资本市场对接。现在已经上市

的 130 家创业板公司中，94％属于高新技术产业，尽管创业板有很多不尽如人意的地方，但是就像任何新生事物一样，如果假以时日，在各界呵护下，大家共同推动下，各项制度会更趋完善，我们应该是有信心的。从历史上看，第二次世界大战后 60 年的经济发展，在人类所有的经济体中，可能最重要的是两件事：第一件是中国的改革开放，第二件事情就是 1971 年美国推出纳斯达克。美国的经济转型发生在 1978 年和 1979 年，美国依托于它的创业板成功地实现了从制造业向高科技产业为主导的创新经济的转变，其主要是依托于资本市场的建设。我们相信，2009 年中国推出的创业板，将来会有类似的作用。

我们做十二五规划的时候，中国资本市场有一个非常重要的目标是服务于中国经济转型，服务于中国经济转变发展方式。同时，资本市场的发展还应该服务于中国其他的一些社会目标，比如西部大开发。西部的快速发展，资本市场应该给予支持。

同时中国国际金融中心建设要依托于资本市场，也就是说沪、港、深这三个金融中心与东京，伦敦或者纽约的竞争是依托于中国的资本市场，所以我们应该继续推动中国资本市场的改革和发展。

同时我们可以看到未来十年，中国要建立和完善社会保障体系，也就是建设和谐社会。什么是和谐社会呢？记得在过去一百年中，上个世纪三十年代美国曾经发生一场非常著名的争论，当时，美国通用汽车总裁威尔逊非常聪明的做法，他鼓励工人用养老金去买股票。这使很多美国的资产阶级非常生气，因为这样工人都成了资本家了。随后的一百年中，成千上万美国的老百姓通过参与资本市场，成为了美国经济的股东。我们不能说美国是一个和谐社会，因为美国还有很多社会矛盾。我们相信未来的十年、二十年、三十年中，中国养老体系的建设和中国的资本发展应该是一个良性互动和携手发展。而且，我们相信越来越多的中国老百姓也将成为中国经济的股东。另外，我们发现，从 1984 年到 2008 年，将近三十年的时间，美国养老金（401K）每年个人账户余额和道琼斯指数的弥合度达到了 98％，也就是说资本市场的发展是通过社会养老体系、社会保障资金源源不断地进入资本市场，然后资本市场给予它比较良好的中长期回报，来实现良性互动。我们希望未来的三十年，中国也能够实现类似的一个良性互动。

这是第二个想法，即中国资本市场十二五规划应该服务服从于中国经济的一些主要目标，包括转变经济发展方式、建设国际金融中心、西部大开发和和谐社会的建设。

三、国际金融监管改革

我们知道美国奥巴马政府刚刚推出金融改革计划，这个金融改革计划会对世界和中国的金融体系有什么影响，首先可以看到这个改革方案长达 2300 页。实际上，改革主要是三个方面：一是针对现在金融体系快速扩张和双刃剑这个特征，提出降低杠杆率，提高安全性的措施；二是针对监管真空，提出弥补监管漏洞的措施，尤其是加强对冲基金的监管；三是针对金融全球化和一体化的趋势，提出了全球金融监管合作。我们可以看到金融危机之后，全球正在努力地改革金融监管体系，使得全球金融体系走向一个更加平衡、更加可持续发展的路径。

在分析和借鉴美国金融危机和金融改革的过程中，自然想到中国的金融体系的发展和建设，中国金融体系和美国的路径有很大的不同，比如华尔街经过金融危机和金融改革，我认为它的调整依然是非常艰难的过程，因为美国经济走到一个比较成熟的阶段，原来传统的投资银行业务已经逐步失去了经济基础。比如美国的纽约交易所估计每个月摘牌的公司远远超过 IPO 的公司。所以原来传统的发行承销（IPO）业务消失了，它的经纪业务也是岌岌可危，最后只剩下投机业务，也就是自营和 PE 这些风险比较高的业务。在金融危机前，最为明显的标志，就是华尔街五大主流业务中，三大业务格外突出，占到总利润的 60%。有一项业务格外突出，金融危机之后，这样的情况并没有太大的改变。2010 年高盛第一季度的盈利中，第三项 PE 和自营占到了 80%，比金融危机前更加严重。与它对比，我们的经济处于快速发展的上升期，我们要排队去 IPO，不缺发行承销业务。同时，中国投行也不缺经纪业务。所以中国资本市场有非常巨大的发展空间，我们应该加快资本发展，更好地推动中国资本市场在金融体系中的比重和影响力。

同时，我们也必须要清楚地看到与国际金融市场的差距。这次金融危机中，幸运的是中国金融市场连一个非常复杂的有毒金融产品都没有，不幸的是我们一个都不认识。但是与发达国家在这些领域中同台竞技是早晚的事情，可能比想象中还要来得快，所以我们必须加快发展，加快资本的国际化。举个例子，2010 年一个非常有名的事情就是吉利并购了沃尔沃，这是一个非常成功的海外并购案例，但是我们非常不幸地看到，吉利的融资当中，有国际投行，有商业银行，但是就没有中国资本市场的一分钱，也没看到中国的投资银行扮演任何角色，也看不到中国的 PE 在其中起到任何作用。也就是说中国资本市场服务中国经济国际化还任重道远。

这里我想讲的三个简单的想法：第一，西部要实现快速发展要多与资本市场对接；第二，十二五期间中国资本市场应该服务服从于中国经济转型；第三，国际金融形势发生深刻变化，我们应该抓住机遇，更快地推动中国资本的发展。

最后我想起小平同志在三十年以前，曾经给中国经济发展刻画了一个未来的规划，这一个规划是两个三十年：第一个三十年是到 2000 年左右，中国人民的 GDP 可以达到一千美元；另外一个三十年是，在此之后，继续发展三十年或五十年。我们现在处于两个三十年中间的转折阶段——战略机遇期。我们都知道很多发达国家在二战结束后的三十年之后都陷入衰退，我们怎么能够在三十年高速增长之后，能继续实现三十到五十年的平稳增长，我相信转变经济发展方式是一个必由之路。要转变经济发展方式，有很多的任务和改革要完成，在这些众多任务当中，有两个突出的任务：第一个是实现西部快速发展，第二个就是推动中国资本市场发展。这两个任务是相辅相成的，同时二者也是相互促进，良性互动的。这正好是今天论坛的两个主题，所以我希望我们今天在座的同志来一起推动。

谢谢大家！

从政策金融角度考虑的绿色金融发展机制

财政部财政科学研究所所长　贾　康

尊敬的各位来宾，
女士们、先生们：

上午好！

就绿色金融这样一个题目，我愿谈一下自己作为一个研究者的一些探讨性的认识，并借这个机会和各位交流，请大家批评指正。

显然，我们国家以及我们的西部要在科学发展观的指导方针之下实现可持续发展和包容性增长，那么我们就需要绿色发展，也就需要绿色金融。我觉得，绿色金融不是一个单一利润导向的金融，它是需要按照社会目标、按照经济学上所说的正的外部性来导向的。这样一个并不是单纯追求投资回报的思路，具体体现为区别对待的金融行为，现实形态上就应该是：绿色发展的，它就要支持；不利于绿色发展的，非绿色发展的，就不支持。所以，这种区别对待的金融按我的理解，其中主导性的因素必然是政策金融。

在我们中央银行调控之下的商业性的金融体系，当然也需要加入绿色金融的发展，需要跟其他力量在一起，包括与国际资本的合作，来形成合力推进绿色经济发展。但是，我不认为这种金融体系它可以简单地按照区别对待的原则承担绿色金融的全部任务。如果真的那样，你就会把央行调控下的金融体系看作政策性金融体系，而我们改革开放 30 多年来反复探讨的，是要使这样的体系商业化，

其中，银行首先要企业化——银行成为真正的企业，才能使企业成为真正的企业。

所以我认为，对于绿色金融需要有一个政策性金融的相关性质的定位。它还需要有明显的政策倾斜因素注入里面。这种具有明显政策倾斜特征的绿色金融的事项，需要有政策性资金介入。那么这种政策性资金的介入，当然要以国家财政为后盾，要结合社会目标原则。但是，它需要形成"政策性资金、市场化运作、专业化管理、信贷式放大"的这种机制。当然，国家还要有其他一些措施，比如说必要的税收优惠等，配合绿色金融，引致民间资本、国际资本，一起推进绿色经济、低碳化发展、"两型"社会建设等。

在这方面我们可以看一下，大家现在非常关注的新能源、节能降耗的升级换代创新等等，它涉及现在已经开始成气候的利用风能、太阳能、地热、余热，以及在建筑方面要推行节能建筑……很多很多的事项。在这方面我们遇到了什么障碍呢？实话实说，我认为，在中国多年以前就开始探讨商业性金融和政策性金融分道扬镳之后，进展并不顺利。政策金融到底怎样构建它的体系，怎样支持这些直接效益往往并不明显的绿色经济的发展，它在最近一些年受到明显挑战之后何去何从，这些问题并没有得到一个全面深入的探讨和比较合理的解决方案。我们有必要结合绿色金融，进一步去深入探讨这方面的问题。

我个人感觉，其中很重要的就是有政策性资金介入，构建一个哪怕是粗线条的政策性融资体系（其中可能也有必要组建政策性定位的金融机构等等），势必要求政府支持的操作主体，与其他市场一般主体、企业、商业性银行机构等，形成一种风险共担的机制。过去碰到的问题，是从中央到地方，政府财政出钱组建了政策性金融机构（政策性银行、信用担保机构等），但是它在现实生活中很快面临一个两难困境，就是在这样一个政策性定位的主体运行起来之后，各方面认为它理所应当承担全部相关风险。在实际项目里面，企业都认为只要政策性金融因素注入之后，就可以规避所有风险。这样在财政眼里看起来，这个机制就像个"无底洞"，发生了所谓"道德风险"，权责利脱节的弊病，使这个过程不可持续。已组建的信用担保机构全国有几千家，好多是国家和地方政府先注入资金，让它们发挥政策性的信用担保作用，但是运行起来以后，这样的机构会发现，如果按照政策性定位的初衷去做自己业务的话，会出现资金萎缩压力，而资金萎缩如得不到规范化的后续资金支持来化解，那么在这样的约束面前它会转而去做短、平、快，也做商业性项目，就背离了组建时的初衷。因此，这些机构或者是坚持政策性目标而面临资金萎缩，对各方都不可交代，而它们自己也不愿意就此萎缩下去；或者是放弃这个目标转而做短、平、快——这种两难局面大量发生，我们还没有看到很成型的应对措施和方略。

从这样的例子可以看出，我们今后要进一步发展绿色金融，需要共同探讨，怎么样形成一种在市场经济环境里面各种主体风险共担的可持续的发展机制。实际上，国际经验和我们现在已经有的一些探索，说明这种风险共担机制和可持续机制，是可以由粗到细打造的。比如美国主导的倾向是推崇华盛顿共识、政府无为而治，但实际上美国一直存在着政策性担保机制，以预算安排支持资金。但政府政策性支持机构所承担的风险，一般最高不超过85％，在金融危机冲击下曾经适当提高风险界限，比如说到90％，但是绝对不会100％承担风险。那么，这样的项目参与各方，自然会有风险意识，同时运行机制就有内生的激励约束的对称性。我们现在在中国，在现行体制下要进一步推进机制转换的过程中间，这样的风险共担机制国际经验非常值得借鉴，再结合中国自己的实际情况，努力使之形成起来。我们在现在信用担保的具体运行上，应该看到商业性的信用担保机构也不断涌现，政府支持的，包括这些主体要积极探索的，正是绿色金融创新，需要探索风险共担、可持续的运行机制。

还有一个支持对象的遴选机制问题。比如，一般原则上，大家认为贴息是好的机制，这几年在中央层面上，贴息也已有针对企业技术改造、升级换代的非常明确的安排。国家几百亿元的贴息，可以引致至少十倍以上即几千亿元社会资金，主要是商业性贷款，进入政府想给予支持的一些项目和领域。但是相关的矛盾，就是既然贴息引出了政策支持问题，也就产生了谁可以得到这样的机会，谁该得到贴息的问题。必须尽可能防止该支持的拿不到支持、不该支持的却给予了支持的现象发生。这需要有一个防范设租寻租、合理甄别挑选的机制。

我这里举个例子。杭州西湖区过去财政部门年年会拨款支持小企业科技创新。这个是很正常、很普遍的财政行为。但是发现，这个做法效果并不好，"撒胡椒面"，很难追求绩效。能不能把这种"消耗型"的资金投入，转为"循环型"？但怎么打造这个机制呢？我们看到的以后的做法，实际上就是打造在市场经济环境下多方面形成合力的风险共担机制和支持对象的遴选机制。财政拿出两千万元资金，说这笔钱不再是简单地支出去，是作为一份基金股本，注入一个小企业科技发展产业基金。这个产业基金其他的参加者中，有当地一个比较活跃的专业水平相对高的商业性信用担保机构，它还利用自己的联系拉来了硅谷银行的一部分国外股份即国际资本，也包括其他来源的民间资本等，这样形成一个法人，这个法人的产权结构有公有私，但是财政这部分投入明确地不要求分红，财

政只要把这个资金运用从消耗型转换成循环型就可以了，既然不分红，就增加了他们把民间资金吸收进来的吸引力——以前似乎无利可图，现在他们认为有利可图了，就形成了这样一个小型科技企业发展的产业基金。这个产业基金一形成，就可运用贴息、信用担保等其他方式，争取社会商业性贷款支持。它们合在一起怎么样支持小企业呢？所有股权单位代表，加上当地的科技局的代表，组成一个遴选委员会，在申请支持的项目中挑选最上层的一批给予支持，一批原来无望获得融资支持的企业创新项目，就此变为可以得到融资支持。这是积极合理的创新性探索，是一个非常有意义的中国现实生活中的PPP（公私合作伙伴关系）的案例。

我们以后要支持绿色金融，这类事情会有大量的探讨空间，值得我们重视，值得我们付出努力，注重机制构建和可持续发展，把支持绿色金融的各种各样的事情，以改革创新的方式做好做实。

谢谢大家！

资本市场将在更高层次服务西部大开发

四川证监局局长　杨勇平

尊敬的各位领导，

各位来宾：

很荣幸参加这样一次汇集各方智慧的金融盛会！

下面，我代表四川证监局，就资本市场支持西部大开发谈几点意见，供参考。

一、资本市场支持西部大开发成效显著

今年是国家实施西部大开发战略 10 周年。这 10 年，既是四川经济增长最快、发展质量最好的 10 年，也是四川资本市场实现超常规、跨越式发展，对地方经济贡献最大的 10 年。

一是市场规模不断扩大，排名中西部第一位。截至今年 9 月末，四川有 A

股上市公司 81 家、境外上市公司 9 家，上市公司数居全国第 7 位、中西部第 1 位。

四川证券市场中介服务体系较为完善。现有证券、期货公司 7 家，证券、期货营业部 200 余家，投资者证券账户数 681 万户，1～9 月累计实现证券交易额 2 万多亿元。证券期货机构数、投资者开户数及交易活跃度也居西部之首。

二是上市公司已成为拉动地方经济发展的主力军。目前，上市公司已基本覆盖了四川重点优势产业，形成了一批行业龙头企业，上市公司对地方经济的引领、带动作用日益显著。截至 9 月末，四川 81 家上市公司总市值达 6816 亿元。上半年实现营业总收入 1344.87 亿元，同比增长 19.22％；实现净利润 82.92 亿元，同比增长 69.82％，分别占四川 1.3 万余家规模以上工业企业营业总收入的 12.67％和净利润的 12.76％。

三是直接融资为地方经济发展提供了源源不断的资金支持。西部大开发以来，四川资本市场已累计实现直接融资 995 亿元，其中"5·12"大地震以来，在中国证监会"绿色通道"政策的大力支持下，四川资本市场直接融资工作创历史最高水平，累计实现融资 503 亿元。有 23 家公司实现首发上市，融资 216 亿元；有 16 家上市公司实现再融资，融资 287 亿元。融资额和上市企业数不仅在中西部遥遥领先，在全国也位居前列。

四是证券期货业合规经营和壮大发展为成都建设西部金融中心提供了有力支撑。近年来，四川证券、期货公司核心竞争力进一步增强，一批综合实力强的全国性证券、期货公司在川新设分支机构，提升了证券市场服务功能。证券期货业的发展壮大，为成都建设西部金融中心提供了有力支撑。

五是资本市场深化经济金融理念为改革创新提供了思想动力。随着资本市场的快速发展，现代企业制度、资本经营、法人治理、投资理财等经济金融理念逐渐被社会各界广泛接受，促进了地方政府、企业、投资者的观念更新和思维转化。特别是证券期货市场的快速发展，极大增强了投资者及全社会对四川企业以及四川经济的认识与支持。

二、四川资本市场加快发展优势突出

四川作为中西部地区经济大省和证券强省，大力发展资本市场具有以下优势。

一是政策优势。党中央、国务院最近召开了西部大开发工作会议，制定了新一轮西部大开发的战略目标和支持政策。国务院出台了《关于中西部地区承接产业转移的指导意见》，提出要依托中西部地区劳动力、资源优势，培育产业发展新优势。四川省委、省政府出台了支持资本市场发展的规划和优惠政策措施。这些政策为四川资本市场支持地方经济发展营造了市场环境。

二是产业发展优势。四川水能、天然气、钒钛等战略资源拥有量排名全国第一；科研实力较强，拥有众多科研机构和知名高校；产业基础较好，在电子信息、装备制造、能源电力、油气化工、钒钛钢铁、饮料食品和现代中药等产业具备较大优势，在航空航天、汽车制造、生物工程等产业领域也具备极大的发展潜力。

三是企业后备资源优势。四川上市公司规模总体较小，资产重组、整体上市的余地较大，有一大批企业已进入改制上市流程，后发优势明显。有成都高新区和绵阳科技城园区等国家级高新园区，园区内有一大批成长性好，创新能力强的中小企业、高新企业，利用中小板、创业板等多层次资本市场的潜力也很大。

四是上市辅导培育优势。四川已经构建起了"政府搭台、企业参与、交易所指导、各方扶持"的企业上市培育工作机制，形成了"上市一批、辅导一批、改制一批、培育一批"的企业上市培育体系。现有已批准待实施融资的企业一家，有十余家企业已向证监会上报融资申请材料，数十家企业进入上市辅导程序，上千家企业接受了改制辅导培训。上市后备资源不仅后劲十足，而且已经形成梯队。

三、抓住机遇，乘势而上，推动资本市场服务西部大开发再上台阶

围绕中央和省委、省政府确立的新一轮西部大开发总体工作部署，四川证监局将抓住多层次资本市场建设的有利机遇，进一步发挥资本市场推动地方经济的作用和功能。

一是继续用好证监会支持灾后重建"绿色通道"政策，支持符合条件的企业首发上市，做大做强。

二是支持四川上市公司通过并购重组、资产注入、整体上市等多种方式，利用公司债、可转债、增发配股等多种融资工具进行再融资。

三是支持成都高新区和绵阳科技城园区按照中国证监会建设集中统一的场外市场的工作部署，争取进入全国代办股份转让系统首批扩大试点范围。

四是支持四川证券期货业在合规经营、风险可控的基础上创新发展，做大做强，为企业和投资者提供更高质量的金融服务。

我们坚信，资本市场的快速发展必将为四川深入实施西部大开发战略、建设

西部经济发展高地提供更有力的支撑！

最后，预祝本次论坛取得圆满成功！

祝各位领导、各位嘉宾身体健康、工作顺利、阖家幸福！

谢谢大家！

打造交流合作平台　推动股权投资发展

四川大学经济发展研究院执行院长　于建玮

尊敬的各位嘉宾，
女士们、先生们：

上午好！

今天我演讲的题目是"打造交流合作平台，推动股权投资发展"。

首先，请允许我代表第一届中国西部金融论坛国际资本分论坛的主要承办方之一——四川大学经济发展研究院，向与会的各位领导、投融资机构、专家学者、企业代表和新闻媒体朋友表示热烈的欢迎和衷心的感谢！

四川大学经济发展研究院是在全国人大常委会副委员长、民建中央主席陈昌智的关心和倡导下，在四川省委、省政府的大力支持下，经四川大学批准成立的学术研究机构。研究院是由国内外从事经济发展研究和实践的知名学者、政府官员与企业家组成，旨在通过对经济发展等多学科、多领域的深入研究，推动西部与国内国际的交流与合作，为西部经济发展提供高水平、全方位的研究与咨询服务。

去年十月，第十届西博会期间，在民建中央领导和四川省政府领导的关心和支持下，由我们研究院承办了首届中国西部国际资本论坛，得到了国家领导人和业界人士的一致好评，这是因为首届国际资本论坛不仅完善和丰富了西博会论坛的体系和内容，更重要的是在西博会期间创办了一个重要的投资机构和企业对接与交流的平台，这对四川和西部在新的经济发展阶段，尤其是资本运作阶段，起到了积极的推动作用。今年，四川省人民政府为了进一步提升和整合西博会财经

类高端论坛的水平，联合一行三会，共同主办了第一届中国西部金融论坛，并且将我院去年召开的西部国际资本论坛纳入西部金融论坛之中，作为一个重要的分论坛。这一举措，对于四川乃至西部地区的金融和资本交流与发展，必将进一步起到积极的推动作用。

西部国际资本论坛从一开始就关注四川和西部的股权投资基金及相关问题的交流和发展。

我们注意到，私募股权投资基金在拉动社会资本投资、解决中小企业融资以及优化企业资源的有效配置方面起到重要作用。

第一是社会资本的拉动方面。大家知道，美国股票市场有十几万亿美元的股票市值，但美国还有十几万亿美元的私募股权基金，这些基金来源于美国的养老基金、工会基金、教育基金、各种捐赠的基金和各种大大小小的企业投资资金。发展私募基金，就是通过一个个基金，采取一定的方式，综合性吸引和运作各种社会资本和外资，这种吸引和拉动社会资本的作用，比起一个项目一个项目的直接投资要大很多，它会使资本在更高层次对经济发展发挥作用。

第二是中小企业融资问题。中国中小企业融资难的本质是中小企业缺少资本金。而缺少资本金的企业是不会有资本信用的，银行很难对缺乏资本信用的企业进行融资，这是中小企业面临的现实困境。当然解决这一问题的方法是多种多样的，但通过私募基金的股权投资，从而增加中小企业资本信用，最终引导银行给中小企业融资是一个很好的办法。私募基金所吸引的庞大社会资本，在激活中小企业资产方面，其作用是极其巨大的。有人估算了一下，100亿私募基金可以激活1000亿中小企业资产，这对推动中小企业发展，作用无疑是巨大的。

第三是推动优秀企业发展、优化资源配置的作用。大家知道，私募基金通过对一个地区的各类企业的经营活动进行分析判断，发现那些发展潜力好的企业，然后再进行战略性投资，进一步推动这些优秀企业的发展。同时，私募股权基金的介入，还会促进非上市公司逐渐符合上市公司标准，促使企业进行现代企业制度的改造。而对于那些发展潜力不大、经营情况不好的企业，基金则会弃之不顾，从而实现企业的优胜劣汰，优化资源配置，这对推动优秀企业的发展，作用是巨大的。上述私募股权投资的三个特点和优势，对四川和西部经济发展将会产生重要的推动作用。

当前，基于西部大开发这一国家战略的引导，我们正面临着西部新一轮的经济发展机遇。西部地区城市化进程、产业转型和产业升级的需要，经济发展与资本市场融合的趋势会不断加强和提升，尤其是相比我国上海、广东等竞争较为激烈的成熟市场，市场化程度较低的西部地区无疑充满了更多的机遇，具有更突出的后发优势，我们完全可以说，中国目前股权投资新的机遇在西部。而西部的首选地域应该是成都和重庆两个地区。

本月美国知名财经杂志《福布斯》发布全球未来 10 年发展最快城市研究报告，成都被列为全球第一位，紧接是重庆。《福布斯》认为，成都交通四通八达，其交通体系链接全国乃至全世界，成都高科技以及工业发展基础非常好，世界巨头英特尔、富士康、仁宝、戴尔等纷纷落户成都，加上其他种种的有利条件，未来 10 年，成都和重庆将成为世界瞩目的、发展速度非常快的地区和城市。我们完全可以相信，在这种发展背景下，股权投资基金以及相关的企业发展将面临一个千载难逢的发展机遇。

今后，我们研究院将在办好国际资本论坛的基础上，进一步提高研究和咨询的水平，增加和完善系统服务内容，其中包括筹办专业协会，开办俱乐部，开展专题研究以及高端讲座、培训等等，推动四川和西部，特别是成都地区 PE 中心、VC 中心、项目中心和资本中心的建立和发展。我们将携手业界朋友，共同打造西部股权投资基金交流的第一平台，为四川和西部经济发展作出应有的贡献。

最后，再次感谢各位领导和嘉宾的光临和指导！

谢谢大家！

中国西部金融论坛国际资本分论坛上的发言

中科招商创业投资集团董事长　单祥双

尊敬的各位领导、各位来宾：

大家上午好！

先讲一个创业板的故事。我们在几年前投资了一个企业，是清华大学的一个团队。无数家风投都找过他们，结果最后都摇头走了，没有投资，因为当时企业账户上现金只有两万元。后来这个企业老总找到我，我和他见面以后，对他投资了两千万。今年上半年这家企业上市，这个公司从账户只有两万达到了市值是六、七十个亿。中科招商当时两千万的投资，占股35％，按市值算二十多个亿。

这个企业是创业板开启以后，我们众多创业企业的一个成功的故事。这个故事说明：股权投资基金对推动中小企业发展，对推动科技创新，对推动创业者走向成功，意义是多么的重大！在座的可能有一批中小企业，正与我们几年前投资的企业类似，中科招商加大对这类企业的投资。今年我来成都，算上这次是两次，对西部企业做了两单投资，一个是对我们成都林海电子进行投资，增资一亿元。我们认为这个企业发展空间非常大，有望能成为通讯卫星领域里面中国的第二个华为。我们也希望，通过中科招商的增值服务，让这个企业真正发展起来。第二个企业是前不久由中科招商牵头投资的，叫"重庆隆鑫工业"，我们注资五个多亿，跟我们联合投资有国开行投资公司，也注资五个多亿，软银注资 1.5 亿，这个企业中金公司已经进场，明年预计就要上市了。

我给大家讲的第一个故事是说明作为股权基金投资行业里的领先性企业，中科招商愿意与西部的中小企业相结合，共同创造财富故事。第二个是一个大企业的故事，今年较早的时候，我跟进入世界五百强的一个中国民营企业的老板会谈。在会谈中，这个企业家和我表示，他的企业从小到大，从弱到强，去年的销售收入和利润都遥遥走在民营企业、创业企业的前列，但是随着传统企业的结构调整，随着新的经济增长方式的转变，企业如何能够持续再发展？是不是在传统产业里面继续加大力度？是不是持续把所有的积累都再投进去？我和他讲，一个大企业发展要经历三个阶段：第一个是产品经营阶段，也就是说，企业家确定一个产品进行经营，经营的过程中，解决技术问题、解决市场问题、解决管理问题、解决企业发展问题。发展到一定程度，这个企业要想扩大再生产，这个时候它需要三种钱，第一种是银行的钱；第二种是战略投资者，也就是新股东或者是 PE（私募股投资基金）的钱；第三种钱是证券市场的钱，这三种钱你都拿到或者拿到银行和证券市场的钱以后，实际上完成的是第二个阶段，我称为资本经营阶段。那么完成了资本经营阶段以后，企业是不是就可以沿着原来的路线再继续走下去，我觉得随着市场容量增大以及竞争对手的增加，市场越来越广阔，传统产业的主营业务，必须创造新的利润增加点，怎么创造新的利润增加点呢？我认为就进入大企业发展的第三个阶段，叫经营资本阶段。就是由产品经营到资本经营，再到经营资本。实际上一个成功的企业，我总结必须完成这三个阶段，如果做不到这三个阶段，客观讲，说明你就还没有进入到企业经营的最高点。怎么叫经营资本呢？就是过去企业发展到一定程度，我们是拿产品去赚钱，到经营资本这个阶段，我们是拿钱去赚钱。因为企业通过产品经营、资本经营以后，形成了财富积累，这时候财富要创造更多财富，所以就不可回避地如何做好投资的问题，我给他算了一笔账，假设一千多个亿的销售收入，资金接近上千亿，拿出其中一百亿来做 PE（私募股投资基金）基金，会是什么情况？我们在这个行业做了十年，以中科招商的业绩，我们的回报创下了一百个亿，五年以后，平均收益可能获得五倍以上，也就是创造五百个亿的利润，相当于五年造五个他的企业。所以企业家一听这话就明白了，他坚持"主业＋基金"这种发展模式，在做产业

主业的同时，也要做资本、做基金。

我们在座的大企业、西部规模大一点的企业也必须走这一条路，因为这条路从国际上到国内，从东部到西部，先进企业正在走或者已经走的一条路，这是我给大家讲的第二个故事。第三个故事是说给政府的。中国的股权投资基金在今年得到了蓬勃的发展，这种发展大家有目共睹，忽然之间，从一个小行业变成了一个大行业、一个热点行业、一个重点行业、一个规模型行业。我们一回头发现，我们身边的从业公司多如牛毛，为什么会出现这种情况？今年中科招商在江苏江阴周庄，仅仅用不到五个月时间，周庄先后成立了两只创投基金，第一只基金3月28日挂牌设立，到位资金2.5个亿，第二只基金到位资金5个亿，也就是说，这上村镇在半年多的时间成立7.5亿的创投基金，是什么原因？原因是在2008年前，我曾经到无锡，应周庄邀请，和他们的企业家做过一次座谈，座谈的时候我就告诉企业家要走"主业＋基金"的道路，但是很遗憾，当时因为受金融危机影响，一些企业原来定好要设基金的，最后没有设，结果有个别企业参与了中科招商在无锡设立的一只基金，2008年设立的这只基金一共投了八个项目，四个项目已经上市，还有三个项目在证监会。这样八个项目，七个上市，这意味着什么？这意味着投资人将通过基金获得丰厚回报。这不仅仅是投资的超额收益，更重要的是2007年底、2008年初，我在周庄和他们分析，就是中国股市当时大盘是6000点，我认为随着市场的变化、环境的变化、资金流的变化，股市必将在2008年以后整体下滑。结果有的人就是从股市上撤出来的钱加盟了中科招商的基金，所以他等于在股市上没撤出来的至少损失了三分之一到三分之二。那么由于有这个深刻的教训，所以周庄的企业家特别快，在一周内做出了2.5亿的创投基金，后来两个月内就成立了5个亿的基金。

周庄为什么要搞基金？一个村镇要搞基金？我对周庄的经济进行了分析：周庄的发展历史几乎是浓缩了整个中国经济发展的历史。改革开放以前，周庄主要是靠农产品深加工、生产、销售，改革开放以后，进入工业周庄阶段，周庄开始做工业积累，开始搞工业公司。这时候的周庄富起来了，形成了三家上市公司，一个村庄有三家上市公司、有若干中小企业，完成了阶段性的财富积累。那么现在的周庄怎么发展？如果再发展工业，传统工业的结构性调整，压力越来越大，周庄的土地没有了，资源没有了，劳动力成本提高了，原材料成本也在提高，在这样的情况下，周庄的经济结构调整和经济增长方式的转变究竟该走怎样的道路？走第二阶段、第三阶段叫资本周庄的道路。什么叫资本周庄？要用周庄积累的社会财富，通过发起设立基金，参与基金，用基金参与全国投资，用全国，包括我们西部在内的土地资源、劳动力资源、创业者资源、企业资源来为周庄增加经济社会的财富，这样就进入了资本周庄的阶段。实际上周庄是在经营资本。区域经济发展就是这样一个基本规律，中国的经济发展也遵循这样的基本规律，由农业阶段到工业阶段，到资本阶段。其实这三个阶段不是我们自己的总结，发达国家很早就已经在走这条路。我们到欧洲、美国去看，很多重工业都没有了，他们实际上在更高端的资本阶段发展，通过基金和投资投向全世界，用全世界的资源来为他们创造经济社会的财富。中国的经济也必然要走这条路。现在我们的东部沿海地区都在走这条路，广东、江苏、浙江都在走这条路。那么客观讲，我们西部工业阶段还没有完成，也就是我们从农业型、工业型再到资本型，这三个阶段我们现在还有距离。我们如何去做后发先至的事情，是不是也要像东部地区那样，走传统发展的老路，从农业阶段进入工业阶段，再进入资本阶段。我认为我们完全可以解放思想、创新性地去做一些事情，也就是说，我们在做工业阶段完成积累的同时，一定要做资本阶段的发展和推动。以成都为例，不光是要做农业成都、要做工业成都、更要做资本成都，整个中国西部发展，也不光是走第一阶段农业阶段，第二阶段工业阶段，更要走资本阶段。所以西部发展，如何在短时期内能够利用自己的资源优势、存量优势，取得更大的发展，必须把资本的"牛鼻子"抓住。

我曾经跟一些省领导、省委书记、市委书记见面，和他们谈过一个观点，一个区域的资本优势怎么形成？区域、金融、资本市场主要有三大块市场：以银行贷款为代表的信贷市场；以债券、股票为代表的证券市场，以股权投资基金为代表的股权投资市场，而股权投资市场是前两大市场的基础型、先导型的市场。设想：没有股权投资市场，就像戴相龙理事长讲的注入资金、注入增值服务，银行是不敢贷款的，资金不够，企业经营规模上不来，到证券市场上市就是不可能的，所以抓住"牛鼻子"就是要抓住股权投资市场，而股权投资市场是散乱到千家万户企业里面去，这样形不成合力，有且只有用基金这样方式才能形成合力，才能够起到带头和示范作用，这也解释了为什么东部地区在大力发展股权投资基金，通过发展股权投资基金不光是为企业解决了资金问题，更重要的是把整个金融体系、金融市场激活了，创造了一个崭新的推动区域经济发展的资本优势，那么这是第三个故事，这是说给政府的。

最后我想，中科招商是中国首家经政府批准设立人民币股权基金管理公司，今天是西部金融论坛，是需要像中科招商这样的机构参与共同发展的问题。中科招商今年成功发起设立的基金十多只，首期到位资金就超过一百多个亿，完成项

目投资突破 60 亿的规模，今年这个量在全国同行业中是很少见的，中西部要发展要确定一个目标，设定一个发展理想和思路是相对容易的，但是要实现目标是非常艰巨的，包括我们每一个环节、每一个细节，每一个人都要作出共同努力，中科招商愿意同中西部的企业家，中西部的各级政府一道做出这样的努力，为中西部繁荣作出贡献。

谢谢大家！

加快资本市场发展　助力新一轮西部大开发

国金证券董事长　冉　云

尊敬的各位来宾,
女士们、先生们:
上午好!

一、资本市场的经济助推作用是推进西部大开发必不可少的一环

资本市场与区域经济发展是密不可分的, 这主要表现在: 一方面, 资本市场的形成和发展依赖于区域经济发展; 另一方面, 资本市场发展对区域经济发展又有着巨大的推动作用。区域经济发展的过程既是 GDP 增加的过程, 也是经济市场化的过程, 资本市场的形成和助推作用是其中必不可少的一环。

资本市场对区域经济发展有以下积极作用: 第一, 资本市场可以更好地引导区域间资本流动, 提升直接投资比例, 从而使社会投资达到更高的水平。第二, 资本市场能将资源配置到市场最需要的地方和效益最佳的项目上, 因而提高社会资源的配置效率, 推动资本生产率和区域经济增长率的提高。第三, 在聚集资源和配置资源的过程中, 资本市场可以分摊与单个投资项目相关的成本和风险, 因而能给投资者提供更明晰的预期收益。

可见, 资本市场与区域经济发展之间是相辅相成、相互依赖、相互促进的关系。从国际经验及我国实践看, 资本市场是促进区域经济发展的重要推动力之一, 企业的发展离不开资本市场的支持。在早期成长阶段, 民间资本市场、银行

贷款能较好地满足高成长潜力的中小企业融资需求，例如温州地区的经济发展；但在企业发展壮大阶段，则必须借助资本市场力量，通过多渠道、多方式融资，促进产业结构优化和规模提升，才能逐步形成产业优势，实现产业升级。多年来，上海、深圳、广东、浙江、江苏、山东等地区充分借助资本市场，尤其是证券市场的融资功能，极大地促进了地区经济的发展，对新一轮的西部大开发有良好的借鉴意义。

二、西部地区资本市场发展现状简析

（一）上市公司数量

截至 2010 年 9 月 30 日，沪深两市共有 1976 家上市公司，上市证券数量达 2921 支，其中 A 股股票 2062 支，包括 1954 支 A 股股票和 108 支 B 股股票，总市值达 238740.36 亿元人民币。截至 2010 年 9 月，深市中小板共有 484 家上市公司，创业板共有 122 家上市公司。

目前，西部 12 省区市共有 328 家上市公司，占国内上市公司总数的 16.60%。

（二）近两年的融资量

2009 年及 2010 年 1～9 月份，西部地区上市公司累计通过证券市场募集资金 1842.31 亿元和 1959.54 亿元，分别占同期我国证券市场融资总量的 5.18% 和 6.38%。

（三）上市公司市值

截至 2010 年 9 月底，西部地区 328 家上市公司总市值为 28554.75 亿元，占全部上市公司市值的 10.41%。平均每家市值为 87.06 亿元，与全国平均 139.28 亿元/家的市值相比，西部上市公司总体规模偏小。

（四）上市公司行业分布

从行业分布看，机械设备、化工、有色/黑色金属、采掘业五行业的上市公司数量占西部上市公司总数量的近 40%，行业分布上偏重于基础原材料和传统制造业，金融服务、信息服务、信息设备、电子元器件四行业上市公司数量尚不足西部上市公司总数的 9%，而从全国范围看，目前上述四行业上市公司数量已达上市公司总量的 16%。

（五）本地金融机构

万德资讯统计显示，截至目前全国共有 162 家商业银行、106 家证券公司、

139 家保险机构和 61 家信托公司，而这些金融服务机构注册于西部 12 省区市的最高比例不超过 25％（其中商业银行占 23％、信托公司占 21％、证券公司占 17％、保险公司占 6.47％）。尽管金融机构服务是面向全国所有客户，但不可否认本地金融机构对区域金融中心建设、资本集聚和金融服务升级的重要作用。

从上述五个方面的数据来看，虽然近两年来，西部资本市场取得了长足的进步，但是资本市场各主要指标还偏弱，与推进新一轮西部大开发的需要尚有不小的差距。差距客观存在，但从市场发展的角度和东部经济发达地区的经验来看，差距就意味着发展机遇，西部资本市场还有广阔的发展前景。

三、加快西部资本市场发展的几点建议

（一）制定资本市场发展规划，加强政府引导与协调，营造良好的市
　　　场发展环境

发展资本市场的基本方针是：政府引导、统筹规划、积极推动、规范发展、强化信用、优化环境。

结合国家政策导向和多层次资本市场建设规划进程，集中西部各省、区、市政府有关部门的人力物力，适当吸收部分证券、金融机构的专业力量，做好多层次资本市场发展规划。完善市场体系，推动资本市场对外开放，促进产业资本与金融资本相结合、资本市场与货币市场协调发展。推动上市公司和证券期货经营机构等市场主体健全机制，规范运作。按照"公开、公平、公正"原则，依法保护投资者特别是社会公众投资者的权益。

各级政府可以根据当地实际情况成立相应工作机构，制定发展利用资本市场的规划，切实做好组织、协调、规划、指导本地资本市场发展工作。发挥当地证券监管机构的积极作用，建立经常性、制度化的信息沟通渠道，主动通报当地资本市场情况、问题和建议，争取证券监管机构的指导和支持，妥善解决有关问题。

找准时机，培育建设区域金融中心。以四川省为例，截至 9 月底，四川上市公司共 81 家，总市值为 7021.71 亿元，均占到西部上市公司的近 25％，2009 年及 2010 年 1～9 月份，四川上市公司累计通过证券市场募集资金 482.16 亿元和 351.73 亿元，分别占西部地区上市公司融资总规模的 26.17％和 17.95％。在金融市场发育和资本集聚等方面，已具备了相当的领先优势。

（二）着力培育市场主体，壮大上市公司队伍

再以四川省为例，四川 2009 年上市公司市值与 GDP 比率（四川省证券化

率）为49.62%，而同期全国的证券化率为80.58%。上市公司的覆盖面和规模都有很大的发展空间。

（1）支持优质企业改制上市，利用资本市场加快发展。近年来我们注意到，区域内一批传统国内行业的龙头或优势企业走出了低谷，经济效益大幅度提升，同时，一批具有蓬勃生机、成长性良好的中小企业快速成长起来。随着业绩的快速增长，这些新老企业大都具备了上市融资的条件，有必要作上市重点培育。建议各级政府及其有关部门应重点加大对符合产业政策、具有发展优势的各类优质企业改制上市的协调、支持力度，指导企业改制、规范运行，鼓励支持其上市。加大对改制上市企业的政策扶持，降低企业改制上市成本。以重点企业上市树立"示范效应"，推动地区资本流动和产业升级。

（2）支持上市公司做大做强，培育一批龙头支柱企业，推进上市公司实质性重组，实现可持续发展。鼓励和支持上市公司创新资本运作模式，迅速发展壮大。推动由集团企业部分改制而来的上市公司，采取吸收合并、定向增发等方式实施集团资源战略性整合，实现集团整体上市。支持主业突出、竞争优势明显、融资能力强的上市公司，收购兼并同行业上市公司和非上市企业，或以资本为纽带进行强强联合，不断拓展规模经济优势。支持发展势头良好、符合条件的上市公司，通过配股、增发新股、发行可换转债券等形式，扩大融资规模，实现低成本扩张。

（3）推动优势产业、优势企业与资本市场的结合。就四川省而言，机械设备、化工、公用事业的上市公司数量占四川省所有上市公司数量总和的32%，信息服务、建筑建材、房地产、农林牧渔四个行业上市公司数量占25%，但是拟成为未来五年支柱产业的医药生物产业上市公司仅占3.7%的比例，和四川省的产业结构、利税结构、发展方向不相吻合，无法代表四川经济的整体发展情况，对四川经济发展的带动作用不明显。四川拥有以信息技术、生物医药为代表的高新技术产业、装备制造业、农产品加工业等优势产业，以这些特色优势产业的大型企业为龙头，就能够延伸产业链，同时带动一大批中小企业发展，形成产业集群和企业集群，带动区域经济发展。

（三）培育本地金融机构，利用专业优势推动资本市场发展

利用资本市场推动区域经济发展，不但需要地方政府、主管部门的指导和支持，更需要一批立足成都、熟悉当地经济，能够快速反应的中介机构团队，高效、稳定地提供全面深入的专业服务。证券公司、产权交易市场、股权投资机构等都是其中的重要成员。

以国内的现状看，大部分金融机构都集中在北京、上海、深圳等经济发达地区，虽然在西部也开展业务，但投入的资源相对偏少，人员也不稳定，没能实现服务"落地"。针对这一情况，一方面政府可以通过政策扶持吸引金融机构落户、培育其成长。另一方面可以通过建立中介机构库，遴选一批实实在在为区域经济、区域企业服务的中介机构入库，每年进行评比筛选，在中介机构中形成一种良性竞争与淘汰机制，促使其提高业务能力与服务水平，真正实现金融机构的"落地"。

以我们国金证券为例，我们的前身是原成都证券，成立于1990年，是国内最早的专业证券公司之一，同时也是注册在本地的为数不多的券商之一。

在西部地区，我们不仅有相当数量的营业部，同时也在本地组建了一支强有力的投资银行队伍，集聚了一批具有丰富经验的专业人才，来为本地企业进行服务。通过这几年来的不断努力，已经与区域企业发展形成了互动、双赢的良好局面。

在国金投行成立的短短4年间，已为成飞集成、川润股份、云南白药、莱美药业、科伦药业、天齐锂业、银河磁体等7家企业募集资金近百亿元，覆盖了主板、中小板和创业板等各个板块，其中川润股份已经实现两次融资。在为西部企业提供专业服务的同时，我们也取得了良好的业绩，行业排名不断上升，2010年度有望进入前十，是西部地区排名最靠前的保荐机构。2009年度，国金证券更是凭借出色的工作表现，被深圳证券交易所评为十家优秀保荐机构之一。另外在《新财富》杂志、《证券时报》、《上海证券报》近几年举办的各项评比活动中，连续获得"最快进步团队"、"最具潜力投行"、"最佳创新投行"、"本土最佳投行团队"等荣誉称号。

作为本土券商，为西部经济的发展真正做到贴身、贴心、优质、专业的服务，是国金证券义不容辞的责任。接下来，国金证券将重点开展中小企业板、创业板、股份代办转让系统（三板）等市场融资的投资银行业务，进一步帮助西部企业上市融资，以更好地服务于西部经济，为新一轮西部大开发贡献一份我们的力量。

谢谢大家！

努力做大做强　为四川经济发展贡献力量

华西证券有限责任公司董事长　蔡秋全

各位领导、各位嘉宾，

金融业的各位同仁：

大家好！

首先，我谨代表华西证券有限责任公司，对各位嘉宾朋友的到来表示热烈的欢迎，并对前面各位领导、专家学者及优秀同行刚才的精彩演讲表示诚挚的敬意和祝贺！

正如前面各位所谈到的，本届中国西部金融论坛是一次高规格、高水平的金融盛会，我们有幸在此相聚一堂，共同回顾西部大开发十年来所取得的丰硕成果，探讨在未来新的经济金融环境下，如何加快西部地区经济发展，切实推进经济建设和金融建设。为做好未来十年西部大开发战略布局和完善投资政策献计献策，这应该是我们共同的责任。

回顾过去的十年，可谓"十年磨砺谋发展，浓墨绘就满眼春"。西部地区尤其是四川省，在面对特大自然灾害和国际金融危机的双重冲击下，仍然取得了跨越式的发展，这离不开西部大开发战略打下的坚实基础，离不开国家大规模财政资金的投入，离不开项目布局倾斜等各项优惠政策的实施。实践充分证明，国家实施的西部大开发战略，顺应发展潮流，符合发展规律，关系战略全局。西部大开发战略必将成为改革开放 30 年来的伟大成就之一，载入社会发展史册。

我作为华西证券有限责任公司的代表，对过去的十年也有诸多感慨。

这十年，是华西证券伴随着西部大开发战略实施以来开始组建成立、发展成长和不断壮大的十年。华西证券是于 2000 年 6 月 26 日由四川省证券股份有限公司与四川证券交易中心合并重组、增资扩股成立的。经过十年的发展，特别是在四川省委、省政府的支持下，泸州老窖股份有限公司入主华西证券成为公司第一大股东和实际控制人以后，华西证券公司获得快速发展，并由单一业务的经纪类券商逐渐发展成为集经纪业务，证券投资咨询，与证券交易、证券投资活动有关的财务顾问，证券承销与保荐，证券自营，资产管理，证券投资基金代销以及中国证券会批准的其他业务于一体的综合类券商，并成为了四川资本市场重要的参与者。

这十年，是华西证券各项业务迅猛发展，初步实现"立足四川，辐射全国"发展格局构建的十年。目前，公司拥有证券营业网点 50 余家，遍布四川、北京、上海、天津、重庆、广州、深圳、大连和杭州等地。公司有多家营业部在当地市场占有率排名靠前。其中，成都高升桥营业部市场占有率排名稳居四川省第一，北京营业部在北京地区市场占有率排名前五，深圳营业部在深圳的市场占有率中排名前十，经纪业务在全行业 106 家券商中排位在前 20 名左右。投行业务按照"立足四川，效力四川"的发展策略，着力充分利用地缘优势，在为四川企业融资和并购重组提供金融服务方面承担着越来越重要的责任。资产管理业务从无到有，以专业化理财运作模式，本着三方多赢的经营理念，全方位、多层次地满足客户个性化理财需要，并在今年一季度首次发行的集合理财产品"融诚 1 号"中崭露头角。证券研究业务、自营投资业务以及期货业务和直投业务都得到了初步发展。

这十年，是华西证券积聚发展基础，壮大发展实力，确保在新的机遇面前实现腾飞的十年。十年磨一剑，在中国证监会特别是其派驻机构四川证监局的指导下，在四川省历届党委、政府的支持下，华西证券一直坚持走合规经营、规范管理的发展道路。目前公司资产质量优良，经营业绩良好，自 2004 年以来实现连续盈利。在此期间，抓住中央扩大内需和四川灾后恢复重建两大机遇，实现了平

努力做大做强　为四川经济发展贡献力量

107

稳较快发展。值得一提的是，十年来公司队伍发展壮大到了 3000 余人，特别是总部员工具有本科以上学历的人才超过 90%，来自国家"211"重点院校和国外知名学府金融类硕士及以上学历的专业人才超过 8%。与此同时，公司还与国内多所知名高等院校建立了战略联盟关系，从而保证了各项业务快速发展对各类人才的旺盛需求。

展望未来，随着国家西部大开发战略的继续实施和产业发展政策的战略转移，四川多层次资本市场体系建设也进一步加快了步伐。特别是四川省委九届四次全会关于打造西部经济高地、建设"一枢纽、三中心、四基地"的总体发展思路的提出，成都作为西部金融中心的发展定位，我们认为，在"十二五"期间乃至未来十年，对整个金融行业，特别是注册在成都地区的金融企业都是难得的发展机会，都可以大有作为。

展望"十二五"期间，未来五年是华西证券全面实施"五年发展战略"，融入西部经济建设的发展的关键之年。目前，我们已经完成制定了未来五年公司发展目标，即通过五年的努力，把华西证券发展成为"盈利能力领先，风险管控有效，市场品牌一流，极具投资价值的上市公司"。实现这一目标，我们信心百倍。国家西部大开发战略的持久性和四川省特别是成都市在此过程中的战略定位和发展气魄对此提供了有力的社会环境保障。特别是就成都建成西部中心而言，四川省委政府已经下定了决心，并在相关环境建设推进方面，在相关促进政策制定和落实方面加快了进度。问题的关键还是在于我们自身是否准备好了，是否已经找准了自身的发展与地方经济建设发展的结合点。

展望"十二五"期间，未来五年是华西证券实施"根据地"发展策略，履行企业社会责任的重要之年。作为注册在西部金融重镇四川成都的本土券商，华西证券的发展得益于四川各级党委政府的关心和支持。立足四川，效力四川，以全方位地为四川经济建设发展提供金融服务来获取企业的更大发展，这是我们的发展路径，更是我们企业的责任。华西证券将进一步转变融资理念，充分把握时代赋予的发展契机，夯实基础，在充分挖掘川内证券资源的基础上，通过与地市州政府和川企建立战略合作伙伴关系，通过投资、直投等服务手段，为企业提供全方位的证券服务，以深度挖掘战略客户价值为契机，不断培育公司品牌影响力和价值，并以此为根据地积极向外拓展省外业务，努力实现省内一流、国内知名的证券企业这一愿景目标。

茫茫九脉流中国，西部当有凌云笔。温家宝总理在西博会发言中已经明确表示，国家实施西部大开发战略的决心不会动摇，政策不会改变，力度不会减弱。

因此，今后十年仍将是西部地区的黄金发展期，西部正在成为中国经济发展的潜能和希望。今天与会的不乏国内乃至国际资本市场领域的佼佼者，具有丰富的国内和国际资本市场经验以及全面的行业知识。我们真诚地希望能够有更多的机会向同行取经，同时凭借我们多年来在西部地区资本市场的运作经验，与在座各位加强合作，携手共进，共同促进西部资本市场的繁荣。

最后，再次衷心感谢各位朋友不远万里来到四川，并预祝你们此次四川之行收获丰富！

预祝大会取得圆满成功！

谢谢大家！

努力做大做强 为四川经济发展贡献力量

分论坛二：
西部大开发与
金融支持和金融创新

主持人：中国人民银行成都分行行长李明昌

主持人：四川省银监局副局长王泽平

主持人：四川省保监局局长王虎林

在西部大开发与金融支持和金融创新分论坛上的致辞

四川省人大常委会副主任　郭永祥

尊敬的各位领导、各位嘉宾，女士们、先生们：

上午好!

很高兴在金秋时节与大家相聚在蓉城，共同迎来第一届中国西部金融论坛的召开。在此，我谨代表四川省人大、四川省人民政府，对各位领导和嘉宾的到来表示热烈的欢迎!

实施西部大开发战略十年来，西部各省区市发挥国家区域统筹政策优势，挖掘自身潜力，经济社会发展取得了显著成就。2000—2009 年，西部地区生产总值年均增长 11.2%，高于全国平均增速 1.7 个百分点。西部大开发的推进，有力地促进了我国区域经济协调发展的进程。十年来，在西部地区各级政府的大力支持和金融机构的共同努力下，西部地区金融业也得到了迅猛的发展，地区信贷总量明显增加，金融组织类型不断丰富，金融业务规模持续扩大，金融市场逐步完善，有力地支持了国家西部大开发战略的顺利实施，促进了西部地区经济持续稳定健康的发展。今后十年是深入推进西部大开发承前启后的关键时期。按照中央的统一部署，深入推进西部大开发，不仅是应对国际金融危机冲击、扩大内需的必然要求，更是促进产业结构调整和经济发展方式转变的重要内容。在新的时期，进一步推进西部大开发面临着新的机遇和挑战。需要西部地区从实际出发，把握重点，促进西部经济长期可持续的发展。

西部大开发战略的实施是一个渐进和长期的过程。对于金融资源配置的优

化，金融组织体系的完善，以及金融服务的延伸提出了新的要求。为更好地发挥金融在推动西部大开发中的重要作用，应进一步健全金融运行机制，加快金融创新步伐，提升金融服务水平，加大区域金融合作力度。具体而言，一是要围绕突出重点和优势带动发展的原则，支持重点区域和特色优势产业的发展。二是要完善城乡金融组织体系，满足统筹城乡发展中多层次的金融需求。三是增强金融服务功能，促进西部大开发中承接产业转移和产业升级的有序进行。四是要加大区域金融合作力度，促进资源要素在东西部之间、西部各地区之间的充分流动和优化配置。

四川历史悠久，文化灿烂，山川秀美，人文荟萃。早在 900 多年前的北宋时期，成都就出现了世界上第一张纸币交子。四川不仅有九寨、黄龙、峨眉山、乐山大佛、都江堰、青城山等世界自然文化遗产，还有独具特色的三国文化、戏曲文化、织锦文化、茶文化、酒文化、盐文化。希望各位嘉宾在川期间能到更多的地方走走看看，更多地了解四川的风土人情和发展现状，更深刻地认识四川。各位领导，各位嘉宾，西部大开发战略的纵深推进，为西部金融业的发展提供了新的机遇。让我们携手共进，进一步发挥金融在促进西部大开发中的积极作用，共同推动西部经济发展新跨越。

预祝本次论坛圆满成功！

谢谢大家！

西部承接产业转移与金融创新

中国人民银行研究局副局长 汪小亚

各位领导、各位来宾：

大家上午好！

一、产业转移的趋势与规律

产业转移是指某个时期某个产业或者产业集群从某些国家或地区转移到其他国家或地区的过程和现象。产业转移是优化生产力空间布局、形成合理产业分工体系的有效途径，是推进产业结构调整、加快经济发展方式转变的必然要求。

（一）国际产业转移规律

随着经济全球化不断深化和市场一体化不断发展，国际产业先后经历三次大的转移：一是 20 世纪 50 年代美国将钢铁、纺织等传统产业向日本、西德等国转移；二是 20 世纪 60－80 年代日本、西德等国将附加值较低的劳动密集型和资源密集型产业转移到新兴工业化国家和地区。三是 20 世纪 90 年代以来发达国家和新兴工业化国家或地区将自身不具有竞争优势的产业向中国、印度等发展中国家转移。

在东亚地区，70 年代以来出现过以日本为"领头雁"，四小龙为第二梯队，四小虎为第三梯队的增长模式，产业链从高成本向低成本国家转移并带动地区经济发展，这在经济学界称之为"雁行效应"。"雁行效应"所说的是东亚地区各国经济发展呈现如同一群大雁在天空中的队列图形，日本作为领头雁，战后最先实现经济起飞，随后 80 年代韩国、中国台湾、新加坡、中国香港"四小龙"实现经济高速发展，再其后泰国、马来西亚、印尼、菲律宾"四小虎"也出现同样经济奇迹。

这种经济发展依次展开的一个重要原因是：东亚生产链从高成本向低成本国家的转移，产业链的转移导致出口市场份额的转移与经济增速的此消彼长。

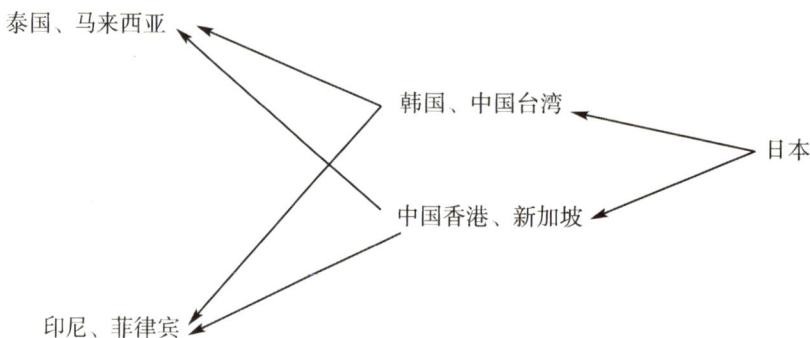

图　产业转移的"雁行理论"

（二）我国产业转移的总体趋势和特征

改革开放以来，我国东部地区利用率先开放和地域上的有利条件，抓住发达国家和港澳台地区产业转移的机遇，承接和发展了大量以劳动密集型产业为主的加工工业，不仅有力地推动了当地经济发展，而且成为拉动我国经济增长的重要力量。近 30 年来，我国东部地区承接了三次大的产业转移：第一次是上个世纪 80 年代，香港的大部分轻纺、玩具、钟表、消费电子、小家电等轻工和传统加工业的转移。第二次是 90 年代初，主要是中国台湾、日本以及韩国的电子、通讯、计算机产业的低端加工装配的大规模转移。第三次是从 2002 年至今，欧美、日本等发达国家跨国公司将制造中心、部分产品设计中心、研发中心、采购中心向我国的转移。目前，以电子、信息、汽车及零部件制造为主导的国际产业形成了加速向东部地区转移的新态势。

但另一方面，随着东部地区经济高速发展，产业结构调整、优化、升级已经成为必然要求，再加上近年来东部地区加工工业开始出现土地、劳动力等生产要素供给趋紧、产业升级压力增大、企业商务成本不断提高、资源环境约束矛盾日益突出等问题，东部地区加工工业向中西部地区转移的趋势日益明显。从总体上看，东部产业转移呈现这样几个特点：一是产业转移规模越来越大。据有关方面测算，到2010年，东部地区需要转移的产业产值在2万亿元左右。二是转移的产业主要以加工制造业为主，尤其是劳动密集型加工工业转移的势头强劲。三是对资源能源依赖较强的上游产业转移趋势明显。四是在国际金融危机对我国经济的冲击下，沿海地区企业产业升级换代和通过产业转移来提高国际比较优势的压力明显加大，国内产业转移进程加快。

二、西部承接产业转移的潜力与途径

（一）西部承接产业转移的潜力

东部产业转移的这些趋势和特点，对西部地区承接产业转移提供了良好机遇。总体来看，尽管西部是后发展地区，尚处在工业化初期阶段，工业规模偏小，经济总量不大，但是"西部大开发战略"实施10年以来，西部经济发展取得了巨大成就，不仅有力促进了西部地区的跨越式发展，而且为承接东部乃至全球产业转移打下了坚实的基础。

一是综合经济实力显著提高。2000年至2009年，西部地区生产总值从1.67万亿元增加到6.69万亿元，年均增长11.9%，高于全国同期增速；地区生产总值在全国的比重从17.1%上升至18.5%。2009年，西部地区经济增速高于东部地区2.8个百分点，有4个省份的经济增速位居全国前5位。

二是基础设施建设取得较快发展。西部大开发10年来，西部地区固定资产投资由6111亿元增加到4.96万亿元，年均增长22.9%。在投资拉动和国家政策支持下，西部地区交通、通讯等基础设施得到极大改善，以青藏铁路、西气东输、西电东送为标志，西部地区的交通、能源、水利、市政等基础设施建设取得突破性进展。

三是产业结构趋于优化。10年来，西部地区从资源特点和自身优势出发，以市场为导向，加快结构调整，大力发展特色优势产业，产业结构趋于优化。西部地区一、二、三次产业比例由2000年的22.2：41.6：36.2调整到2009年的13.8：47.6：38.6，工业化加快发展趋势明显，第三产业得到提升。在资源优势转化为经济优势的进程中，逐步形成能源化工、特色农牧业加工、装备制造、旅

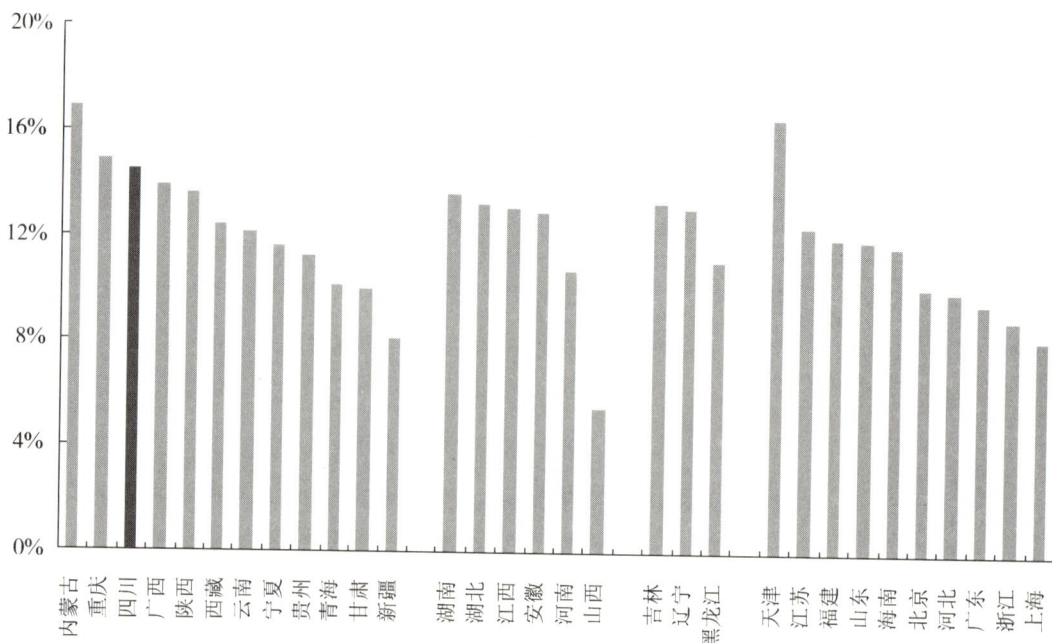

2009 年全国各省区地区生产总值增速

游等特色产业。例如四川的钒钛、内蒙古的乳业和羊绒制品、广西的制糖等行业的产业化进程不断加快，已形成了一定的竞争优势。

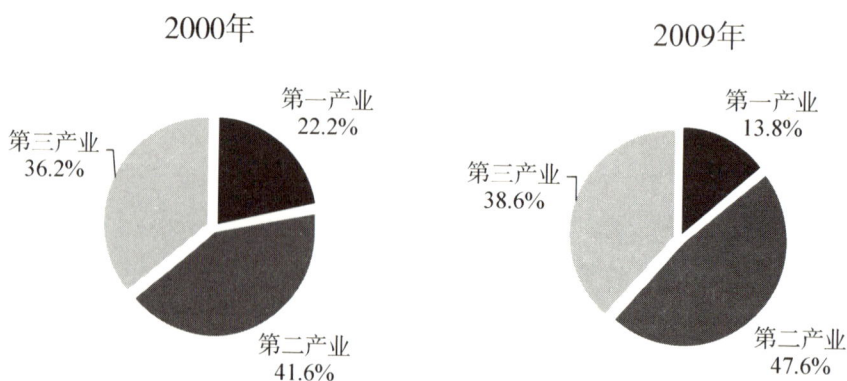

西部 12 省区产业结构

四是金融支持力度不断加大。西部地区人民币各项贷款余额从 2000 年末的 1.73 万亿元增长到 2009 年末的 7.06 万亿元，增长 4.09 倍，信贷总量占全国的比重从 17.38％上升到 17.86％。有力地支持了西部的基础设施建设和水力发电、装备制造业等优势产业的发展。

正因如此，日前下发的《国务院关于中西部地区承接产业转移的指导意见》（国发〔2010〕28 号）中指出，中西部地区应发挥资源丰富、要素成本低、市场潜力大的优势，积极承接国内外产业转移，以此推进新型工业化和城镇化进程，促进区域协调发展。

（二）西部承接产业转移的途径

产业转移是一种市场分工下的利益驱动行为。发达国家和我国东部沿海发达地区的产业转移主要基于降低资源要素成本而获得综合竞争优势，因此，其对承接地的信息、技术、人才、研发配套能力、体制配套条件等软硬件环境具有较高的要求。总体而言，西部地区在资源环境、人力成本等方面具有一定优势，而在投资环境及研发配套能力、体制配套条件方面还有一定差距。为此，在承接产业转移中，要准确把握产业转移的规律和特点，充分发挥西部不同省区的比较优势，增强承接产业转移的针对性和有效性。

一是利用综合成本优势承接劳动密集型产业转移。目前东部产业转移具有成本驱动型特点，转移的产业大都是一些需要大量用工、用地、用水、用电的劳动密集型产业，比如纺织服装、建材化工、机械电子等。西部地区应当充分利用综合成本较低这一优势，加大承接东部劳动密集型产业转移的力度。

二是利用区位优势承接与内陆边贸相关联的产业转移。产业转移的结果就是产业的区域分工合作。东部地区的一些出口加工型企业，希望继续保持出口优势，一些传统加工业，急需开拓新的市场。西部部分省区在内陆边贸合作中具有各自的区位优势，例如云南、广西、内蒙古等地区在承接外向型产业的转移过程中处于较为有利的战略地位。

三是利用资源和产业优势承接国内外深加工产业转移。西部地区在能源化工、特色农牧业加工、装备制造、旅游等特色产业上具有一定的优势，应以此为依托，紧紧围绕优势资源开发、大力承接资源深加工企业，延长产业链、提高附加值，并以此促进产业升级。

三、加强金融创新，支持西部地区承接产业转移的有序推进

承接产业转移既给西部金融业带来新的发展机遇，也对金融机制创新提出更高的要求。从增强中西部地区经济金融可持续发展能力，促进产业梯度转移有序发展的角度出发，应进一步发挥好金融在中西部地区金融业在产业梯度转移中的

功能作用。

（一）提升金融服务水平，满足产业转移中的金融需求

一是本着突出重点和优势带动的原则，支持重点区域和特色产业的发展，继续增强西部承接产业转移的基础条件。一方面，积极支持成渝经济走廊、云南自由贸易区等区位优势明显、市场相对集中地区发展，增强其对周边地区的辐射和带动能力。另一方面，充分依托各类资源和产业优势，加大对能源电力、有色金属、天然气、装备制造和农产品加工等特色优势产业、重点项目和重点企业的支持力度，进一步促进区域经济结构调整优化和产业升级。二是加强金融创新，满足伴随产业转移而产生的各种金融需求。产业转移不仅给承接地带来大量的项目和技术，而且企业组织模式、生产经营方式、销售链条、与其他经济主体的业务交往也将出现新的变化。在此背景下，金融业应根据经济发展的实际情况，积极创新体制和机制，借鉴、引进和开发适销对路的金融产品，并根据市场需求的发展变化不断改进和完善现有的业务操作流程，通过个性化、差异化的产品创新战略来满足不同层次的金融需求。

（二）推动供应链金融发展，加大金融资本与产业资本的融合

产品内工序环节的调整和转移，是本轮国际产业大转移的重要特征，供应链也正成为国际上产业组织的主流模式。因此，供应链金融既是金融服务业自身发展的新的增长点，也是促进本地产业参与国际分工的基础。从有序促进产业承接的角度，中西部地区金融业应加大供应链金融的发展，促进金融资本与产业资本的融合。一是从传统的贸易融资业务入手，从动产抵押、保理等单一融资产品的提供开始，逐步开发产品种类，形成产品集成能力，最终过渡到面向整条供应链提供结构性融资服务。二是积极探索以供应链生产过程中产生的动产或权利作为担保，将核心企业的良好信用能力延伸到供应链上下游企业，加大对整个产业链的资金支持能力。三是加大金融产品创新与供应链上中小企业的管理创新的结合，降低供应链整体融资成本，缓解中小企业融资压力，增强供应链上企业的创新能力，提升产业竞争力。

（三）发展低碳金融、推广绿色信贷，促进产业承接的有序进行

金融作为现代经济中资源配置中最重要的杠杆，对产业承接中的环保问题，既具有宏观协调的功能，又能够从微观机制入手加以防范和治理。应充分发挥以"碳金融"为核心的金融杠杆作用，为西部地区产业承接的有序进行提供保障。一是要按照"绿色信贷"的原则，坚持有保有压，进一步加大对循环经济、环境保护和节能减排技术改造等承接项目的支持力度，对不符合产业政策和环境违法的企业和项目进行限制和控制。二是鼓励金融机构积极参与 CDM 项目的贷款业务，探索开发多种形式的低碳金融产品。三是引导金融机构在资金结算、国际业务、供应链融资、融资租赁等方面为低碳企业提供一揽子金融服务，建立低风险项目快速审查的"绿色通道"，提高服务效率。四是建立"绿色信贷"的动态跟踪监测机制。政府相关部门和金融监管部门要积极探索金融和环保部门的信息共享，逐步建立充实、及时更新客户环保信息，并向金融机构提示风险，通过金融与环保良性互动来促进产业承接有序进行。

（四）积极承接金融服务业转移

近年来，金融业作为服务业的重要组成部分，成为国际产业资本转移的重点领域，同时，国外和沿海金融机构向西部转移的趋势越来越明显。例如，凭借在运营成本和人力资源方面的优势，目前成都逐渐成为各金融机构建立后台服务中心和后援中心的重点城市。

西部地区有条件的城市应抓住国内以及全球金融前后台业务分离发展的趋势，主动承接金融业务外包，致力打造后台服务中心和金融外包业务聚集发展区。一是加大引进外地金融机构力度。落实金融机构进驻激励、降低金融机构置业成本、制定其他有关优惠政策，积极吸引内外资金融机构设立分支机构。二是利用国家确定服务外包产业重点发展城市的契机，加快金融信息化和电子化建设，引导更多的金融机构将全国性或区域性后台服务中心落户到有条件的西部地区。三是内联外引，做大做强本地金融产业。鼓励金融机构在风险可控的前提下收购兼并，并开展综合性、多元化的经营；同时，引导国内外金融资本、产业资本、民间资本进入区域性银行、社区银行、村镇银行等新型金融机构。

谢谢！

用改革创新的办法服务新一轮西部大开发

中国保监会政策研究室副主任　熊志国

各位嘉宾：

　　大家上午好！

　　很高兴参加中国西部金融论坛。今年是西部大开发十周年，十年来西部地区经济社会发展取得了举世瞩目的巨大成就。这一时期也是西部 12 省区市保险业发展最快、行业面貌变化最大的时期。2009 年，西部地区保费收入 2011 亿元，是 1999 年的 8 倍。十年来，保险业在服务西部地区经济社会发展方面发挥了积极作用。刚刚闭幕的十七届五中全会，审议通过了关于制定"十二五"规划的建议，勾勒出我国未来五年的发展蓝图。今年 7 月，中央召开西部大开发工作会议，对今后十年西部地区发展进行了动员部署，西部大开发进入一个新的阶段。下面，根据论坛安排，我就保险业如何支持新一轮西部大开发，谈几点看法。

一、保险业在服务新一轮西部大开发中大有可为

西部大开发是一项系统工程，离不开金融保险业的支持。从国际经验来看，金融作为连接各种生产要素的纽带，是支持欠发达地区经济发展的推动力。美国的西部开发进程，适度倾斜的金融政策曾经起到重要作用。保险是我国金融体系和社会保障体系的重要组成部分，是市场经济条件下风险管理的基本手段。保险业服务西部大开发，至少可以通过三个渠道发挥作用。

发挥保险的经济补偿功能，保障西部地区经济社会平稳快速发展。保险的基本原理，是依据大数法则进行风险分散和提供损失补偿。通过发展多种形式的保险产品和服务，建立符合西部实际的市场化的灾害、事故补偿机制，对于促进西部地区经济社会平稳运行，具有不可替代的作用。以四川省为例，瀑布沟水电站作为西部大开发标志性的重点工程之一，保险业承保该电站运营期间的财产保险，保额高达50亿元，为电站运营提供了很好的风险保障。随着西部地区的快速发展和经济规模的迅速扩大，经济社会面临的风险总量也在不断增加，政府、企业和居民分散转移风险的需求不断提高，保险机制发挥作用的空间将越来越大。

发挥保险的资金融通功能，支持西部地区经济社会建设。保险是促进储蓄转化为投资的重要渠道。去年新修订的《保险法》，进一步拓宽了保险资金的投资渠道。近期，国务院允许保险资金投资基础设施、不动产和未上市企业股权等。保险资金具有长期性、稳定性的特点，可以作为西部地区特色产业，以及符合国家产业政策、生态环保的重点项目建设的资金来源之一。

发挥保险的社会风险管理功能，促进西部地区提高社会管理和公共服务水平。保险是从事风险管理的行业，在风险识别、衡量和控制方面具有特殊优势。政府引入保险机制参与社会管理，有利于整合各种社会资源，运用市场机制和手段，协调各种利益关系，化解社会矛盾和纠纷，推进公共服务创新。

二、保险业要因地制宜地服务新一轮西部大开发

西部地区地域广袤，地区面积约占全国国土总面积的71%，少数民族人口超过全国的70%，保险需求和保险供给的情况相对复杂。保险业必须立足西部地区保险市场的实际，着力提高科学发展的能力和水平，才能在新一轮西部大开发中有所作为。

在发挥自身优势的同时，更加注重有特色的保险产品和服务创新。西部地区

的自然条件、经济水平、人口状况，以及居民的生活习惯等，都有一定的特殊性，而且不同区域之间差异较大。保险业必须根据各地实际，结合保险业务特点，有针对性地提供一些有特色的保险产品和服务，才能有效满足西部地区多样化的保险需求，更好地体现保险的价值。

在提供保障服务的同时，更加注重风险的事前预警和防范。西部大开发新开工项目多、涉及范围广、项目规模大，工程项目建设过程中，风险的多样性和复杂性不容忽视。保险业要善于针对项目开工、建设和运营的全过程，提供包括事前、事中和事后的全方位保险服务。要善于提供风险管理咨询等增值服务，对企业和个人应对风险给予必要的技术支持，促进安全生产和突发事件应急管理。

在关注发展速度的同时，更加注重维护和利用西部地区保险资源。从整体上看，西部地区人口密度相对较小，开展保险业务的成本相对较高，而且由于生活习惯、文化信仰等原因，保险业的发展不可避免受到一定限制。在这种情况下，合理利用保险资源，对保险资源进行保护性开发，做到发展的速度、质量和效益相平衡，不仅符合西部地区的实际，而且有利于西部保险业的长远健康发展。

在引入外部资源的同时，更加注重培养本地保险主体和人才。西部保险业的发展，离不开运作成熟规范的保险机构，离不开熟悉现代保险知识、具有丰富实践经验的保险人才。目前，西部地区的保险机构和人才相对缺乏，一些花大力气引进的机构和人才有可能会水土不服。这就需要充分利用成都等地区资金实力相对雄厚、人才资源较为丰富的优势，培育和建立自己的机构框架和人才培养体系，构建起既了解本地情况、又能扎根当地的保险主体和人才队伍。

三、保险业要用改革创新的办法服务新一轮西部大开发

西部大开发的第二个十年，将成为承前启后、深入推进的关键时期。保险业要紧紧围绕推动西部地区经济社会又好又快发展这一目标，依托国家西部大开发总体规划，找准突破口和切入点，加快创新步伐，更好地服务新一轮西部大开发。

一是服务西部地区基础设施建设。根据新一轮西部大开发的部署，政府将在基础设施领域加大直接投入。仅 2010 年，西部地区就新开工 23 项重点工程，总投资额度高达 6822 亿元。对于公路、铁路、水利等重大项目，保险业可以提供建筑工程风险及特殊风险的保障。同时，保险机构还能够通过债权、股权等方式，为西部地区的基础设施建设提供必要的资金支持。

二是服务西部地区农牧业发展。农牧业发展在西部大开发中具有基础地位。

根据西部地区农牧业生产特点，研究支持西部地区探索设立专业农业保险公司、相互保险公司和自保公司等保险机构，扩大政策性农业保险覆盖范围和覆盖品种，鼓励保险公司开发保障适度、保费低廉、保单通俗的农业保险产品，发展特色农业和其他涉农保险业务。

三是服务现代产业体系建设。未来10年，西部地区将建成国家重要的能源基地、资源深加工基地、装备制造业基地和战略性新兴产业基地。在这一过程中，保险业可以通过产品责任保险、环境污染责任保险和科技保险，对能源、资源、环保等重大项目的推广，以及高新技术的研发和应用提供必要的保险保障。同时，保险业作为现代金融服务业的组成部分，发展保险业，本身就是西部地区建设现代产业体系的一个重要方面。

四是服务社会事业发展。中央提出，今后十年，对西部地区社会事业的支持力度还将继续加大，使人民生活水平和质量上一个大台阶，基本公共服务能力与东部地区差距明显缩小。保险业在保障和服务民生方面可以发挥更大作用，通过开发价格低廉的大病保险、医疗保险和意外伤害保险，积极探索保险业参与医疗卫生体系建设的有效方式，不断提高西部地区居民健康保障水平。通过鼓励和支持有条件的企业建立多层次的养老保障计划，探索发展适合农牧民的商业养老保险，不断提高西部地区居民养老保障水平。

谢谢大家。

西部开发要善于利用资本市场

上海交通大学中国金融研究院副院长　费方域

尊敬的各位领导，
女士们、先生们：

下午好！

在新增长时期，西部发展面临大机遇，将作出很大的贡献。因为在后危机时期，全球经济持续发展，要求解决主要国家在金融方面的外务问题。比如美国、中国的不平衡现象，这样就会把中国的战略转回内需，这样中国的政策将是大力开发内地的工业市场，这样，在商业产品的需求方面，产业方面都会增加需求，这对东部的发展会持续一段时间。这对西部也是机遇。

以下讲几点看法。

第一点是要转变增长方式。

转变增长方式主线就是要改变结构，这个结构包括经济结构、产业结构、区域结构、贸易和金融结构等等，在这个结构的转变中，对西部来说，第一个是资源、能源、新兴产业等刚刚讲的几个产业，这些基础产业这一块会有一个很好的发展。第二个就是综合交通这一块。第三个是对 GDP 的贡献，有时候在西部地区会大大地提高。由于这几个条件，我们可以得出这样一个结论，西部的发展将会从过去对东部来说不均等的发展支持能直接参与分工，有自己特有的竞争。

另外，在中国未来的经济增长格局中，西部将成为和东部平起平坐的轮子，东部和西部的双轮推动中国的经济发展。这是西部大发展的一个途径。

第二点，西部大发展的金融支持要有大战略、大手笔。

我提几个观点，第一个观点就是在拉动需求的结构中，我感觉西部是以投资为中心，以投资来促发展，以投资来增收入，来增加整个的需求。第二个观点是讲在投资结构中，以产业基础和民生基础的投资为重点，那么前者的根据就是我们现在西部发展资源产业、能源、新兴产业以及其他的一些基本设施，以这些为根据，或者是以西部的城市化、城乡统筹等等，以这个为根据。

第三点，这个投资以社会资本为主。

基于前面两个原因，所以在资本的性质上面，这个投资将以社会资本为主。那么以这个为主的话就占比较大的比重，那么这个更多的是社会公共资源。因此这种模式应该受到我们的重视。甚至就是说通过这个PPT的展示，就是这个公司的这个模式或者转化成做金融创新，或者转化为标准型的产品。我知道亚行正在做这个事情。那么这样的话就能够大大推动资源产业的发展。

第四点，注重利用资本市场。

也是刚刚讲的原因，在融资结构中，长期资本将会占领相当大的比重，这样我们不仅要利用货币市场，而且要注重利用资本市场；不仅要注重证券市场，而且要注意利用债券市场；不仅要利用国内资金，而且要大胆地利用国际资本。像这一次会议讲到的，开发银行的长期合作融资能力，银行方面除了像现在这样的中小贷款以外，大项目、长期项目应该研究这方面的业务怎么开展的问题。要大力发展股权基金，要利用海外资本市场。还有银行的国际业务这一块，绿色通道这一块。

第五点，在这个过程中要建立与国内外的各大金融中心的联系。

各个国家，现在世界上几大业务中心特别重视新的金融中心的兴起。我们要想建立一个地区中心的话，要特别注意和现有金融中心建立联系，要充分利用现有的金融中心。通过组织运行效率，来提高金融资产的金融效率。在此，我简单谈三点建议。

一、建议像长三角、珠三角这样，承接西部各省市的金融方面的联席会议，可以沟通信息，交流经验，协调步骤。

二、可以像上海那样，发挥金融办的作用，这样的好处是可以解决我们现在金融垂直管理和各个地区有自己的特色的金融要求的矛盾。从这个情况来看还是不错。

三、成都如果想成为金融中心，可以借鉴新加坡的一些经验，他们在规划上，统一的专门机构的设置上，在金融人才的培养上等方面有很多可以借鉴的地方，如果我们向他们学习的话，将来有可能把这方面的工作做起来。

（本文据会议发言整理）

加拿大西部金融发展
对中国西部发展的借鉴意义

加拿大皇家银行中国区董事总经理　陈林龙

各位领导、各位嘉宾：

早上好！

首先感谢论坛组委会对我们的邀请。

我今天从三个方面谈谈加拿大西部金融发展对中国西部发展的借鉴意义。第一介绍加拿大的银行；第二介绍加拿大西部发展是怎么做的；第三提几点建议。

第一、介绍加拿大的银行。

加拿大有五大银行，下面有很多小银行，五大银行在加拿大的银行里面占绝对的地位，像我们中国的工、农、中、建、交行一样。加拿大的银行是全流通的，不是部分流通。加拿大银行在金融危机中被评为全球最安全的银行。加拿大在金融危机中为什么不倒呢？有一点很重要，就是资本、资产的比例。2000年初我回国的时候写了一个东西，提了这个问题，是关于加拿大银行规定的杠杆系数，这个杠杆系数是非常重要的，现在加拿大的杠杆系数是16.5，金融危机的时候美国有一些银行做到60，这是撑不住的。这个是加拿大银行的一个特色。

第二、加拿大在西部的开发是怎么做的？

加拿大跟我们中国一样，是一个很大的国家。按照土地面积来讲，它是全球最大的国家之一，人口主要分布在南部与美国交界的这一块，有三千多万人口。西部有四个省，这四个省有广泛的自然资源，早期的产值比较低，与我们中国有类似的地方。现在加拿大的西部是什么样子呢？现在西部GDP占到加拿大的

30％以上，冬奥会在西部的温哥华举办，是一个非常好的地方。加拿大是怎么开发西部的呢？第一是政府主导，从20世纪80年代开始就做这一件事，政府设立了专门的委员会来做这个工作。第二是政府在政策方面向西部倾斜，这一点很重要。第三是政府建立了一系列的服务和网络。由政府主导，改善基础设施。加拿大是联邦政府和省政府，由两级政府共同来合作。政府拿出一部分钱给银行，我给你一部分资金，让你投8个亿的贷款，投到政府感兴趣的新兴产业和IT产业。如果你有剩余部分可以进入你的利润，但是有坏账你要承担。政府给你的钱，你要投到5倍以上，这是我们感兴趣的事。我们地方政府在搞担保公司的时候，能不能把这个钱让金融机构来进行处理。然后是产业开发，我们西部主要是资源，他们主要是石油。这一块它是怎么做的呢？是扶持中小企业，第一点中小企业的税率是分等级的，你企业规模小的税率就低。第二是大学生不愿意到西部去，我政府拿钱，你企业雇佣大学生，政府给企业50％的工资，这样西部的工资和东部的工资相对来说就能搞得比较平衡。另外加拿大在税收上有很多优势，我们中国政府也在进行，天津、北京、上海也在进行，上海也要建立金融中心。金融中心怎么弄？金融中心就是税收要优惠，这一块要考虑。

第三、几点建议。

一是关于西部开发，西部并不是我们地理位置的西部，在性质上也有差异。西部要发展是要有差异化的发展。前一段时间我到新疆喀什，当地政府官员问我有什么建议。我说有两个，一个是洋一点的，一个是土一点的。洋一点的是什么呢？西部应该允许私募基金直接进来。你要吸引资金过来，我没有超过内地的平均利润，没有必要跑到你这儿来。我在上海、江浙，甚至在成都这样的地方都可以，为什么跑到你喀什去。私募基金现在在中国很热。中国的私募基金大概处于春秋战国时期。北京有几个好的酒店，十个人里面九个人谈私募。私募进不来，海外的资金现在不能直接进中国，有很多限制。国外的资金，我直接可以外汇到成都来设立一个基金，这个基金可以在这边做大量的事，像IPO等等。这个比较接近实际一点。

第二，西部发展资源的开发与金融结合的问题。我们现在是资源优势，资源优势是什么？矿质类的资源，比如说煤炭、天然气、石油、大量的金属。还有就是风能，我们国家开发风能，内蒙古的风能很厉害，新疆的风能很大，我们国家现在对风能雄心勃勃。比如2020年我们的风能计划发展到1.5亿千瓦。在资源开发上，我们银行和金融机构怎么和资源开发相结合？比如铜不够怎么办？我们就要到国外去进口。大银行现在都在探讨怎么支持和国家贷款问题。同时还有财

务顾问问题，比如说我们西部企业怎么和矿产企业结合起来。现在我们中国企业到海外上市是有限制的，但是我们的企业到国外去买是可以的。加拿大 1300 多个上市公司，我们银行可以做一些事。在西部这一块我们贷款增加多少，成本增加多少，我们应该进一步的考虑做这些中间业务。存贷款的业务以后限制会越来越多，所以银行要考虑怎么样在资源利用方面开展业务。

最后我要讲一下，我现在在外资工作，银监会给了很多好的措施。现在最新的情况是你可以搞控股公司，你可以搞管理中心。30 家银行你可以搞控股公司，10 家银行你可以搞管理中心。我跟陕西那边的银行谈过搞村镇化银行，为什么谈这个问题呢？村镇银行是一个很好的东西，村镇银行贷款在 35 万到 45 万，贷款利率上浮 10％。我们村镇银行在涉及的收入中发展是很大的。在村镇银行发展中可能遇到的最大问题是什么呢？村镇银行上不了大网。村镇银行的资金来源靠一家单打独斗是很大的问题。你要去大银行借钱，人家是不会借给你的。如果能搞一些西部的金融发展来支持村镇银行这一块，那就可以了。我们要考虑这个问题。我们有一个雄心勃勃的计划，中行和新加坡的一个银行机构、包括建行和浦发银行都有一些计划，因为时间关系不能说的太多，简单地说一下。

谢谢大家！

（根据录音整理，未经本人审阅。）

以"桥头堡"建设为契机
加快云南金融业改革发展

云南省金融办主任　刘建华

尊敬的各位领导、各位嘉宾，

女士们、先生们：

　　大家上午好！

　　去年 7 月，胡锦涛总书记在视察云南时，作出了重要的指示、要把云南建设成为中国向西南开发的桥头堡。目前在党中央、国务院和国家有关部委的关心、支持和努力下，云南"桥头堡"战略正在迅速地向前推进并逐步得到落实，下面我就金融支持服务桥头堡建设的内容，向大家介绍云南发展金融改革的基本情况。

　　第一，支持"桥头堡"建设，云南金融已经具备较好的基础。改革开放三十年来，特别是党的十六大以来，云南金融发生了历史性的变化，取得了长足的发

展，主要体现在：一是初步建立了符合云南实际的现代金融体系，银行体系相对完善。目前政策性银行和商业银行在我省设立的省直分支机构达到 20 家，全省银行业金融机构的营业性网点超过 50 家，从业人数超过 6.5 万人，银行体系的总资产超过了 1.3 万亿。二是资本市场获得发展，现在全省共有 30 家上市公司。三是保险体系发展迅速，现在有保险公司分支机构 27 家，从业人数超过 6 万人。

第二，金融改革开放迈出重大步伐。一是金融机构改革取得了新的发展。二是农村金融改革取得了新的进展。在农村金融改革方面，村镇银行、小额贷款公司、农村公司在加快发展。以小贷公司为例，我们有近 200 家小贷公司，覆盖一些市州。三是金融开放取得了重大的突破。人民银行总行批准云南成为人民币跨境贸易结算的试点省份，同时也批准面向南亚、东南亚的服务中心。经国家批准，可以到老挝。

第三，金融服务社会发展的水平不断提高。一是银行业支撑保障力度不断加大，到今年 9 月末，银行机构的存贷款余额已经突破了万亿元，存款达到了 1.2 万亿，贷款达到 1.02 万亿；二是直接融资保障作用不断增强；三是企业支持不断加强；四是保险保障不断加强。

第四，发展环境不断完善。按照更加注重营造发展环境，增加长期性和可持续性的发展要求，银行出台了一系列的发展政策，包括金融促进金融发展的意见、解决农村金融服务的意见、支持企业上市的指导意见等等，进一步营造了促进金融发展的良好政策环境。

第五，金融支持服务，云南这个"桥头堡"建设开局良好。自从胡锦涛总书记去年提出把云南建设成为向南亚、东南亚开放的"桥头堡"以后，金融系统率先启动了相关金融支持工作。我们首先是要达到一个中心——建设面向南亚、东南亚开放的区域现代国际中心；建设"三个机制"：建设支持服务桥头堡建设的信贷机制，投融资推进机制，人民币跨境贸易结算的工作协调机制。实现"三个结合"：国家金融与地方金融，城市金融与农村金融，政策金融与商业金融的结合。按照这个思路我们拿出了金融支持服务桥头堡建设的支持意见，明确了十七项工作任务，而且都取得了重要的进展。

"桥头堡"建设给金融带来的是什么呢？现在"桥头堡"建设在国家发改委这个层面上已经编制了实施的规划和实施意见，主要体现在以下几个方面：一是着力构筑面向西南开放的国际通道。加快建设云南直达印度洋、连接东南亚、南亚国家的交通运输；加快推进中国、缅甸油气管道和棉花基地建设，这一项工作已经启动；加快建设与周边地区互联互通的通信、电力网络，这一项工作也在加快推进。二是着力构筑面向西南开放的产业基地。积极推进外向型、区域性的产业合作平台；各领域、高效益的国际经贸合作平台；务实有效的区域性金融合作平台；建设两种资源为依托，两个市场为导向，有资源优势的产业基地。三是着力构筑面向西南开放的区域性国际经济走廊，即：昆明到河内的经济走廊；昆明到曼谷的经济走廊；昆明到仰光的经济走廊；昆明到南亚的经济走廊。这四大走廊都在国家的推动下正在进行。四是加快发展教育、卫生、文化等事业，使云南成为对外交流的窗口、文化交往的窗口、教育的窗口、合作的窗口，更好地展示中国文化，促进交流。"桥头堡"建设的这四个方面的内容形成了一百多个重大项目，所需要的建设资金是 1.2 万亿。这一项巨大的现代经济社会发展工程不仅仅是云南的工作，也是国家的发展战略、云南金融业加快发展一个重要的契机。

云南金融推进支持"桥头堡"建设方面，我们主要是实施六大金融工程。

第一，实施金融服务中心建设工程。经人民银行总行批准，今年 7 月 27 号人民币跨境贸易结算的试点在云南启动，金融服务中心在昆明挂牌。金融服务中心的建设以跨境贸易结算为主要的功能，逐步形成泛珠三角、南亚的跨境贸易结算中心，在这个基础上形成面向我国西南的人民币贸易的跨境结算的平台。现在已经基本上形成国内外投资者参与、交易定价信息功能齐备的多层次金融体系。另外是实施金融总量提升工程，不断扩大银行业务规模，每一年存贷款的余额要有 20％的增长速度。

第二，不断扩大资本市场的规模。到 2015 年我省上市企业规模和直接融资的比重要达到全国平均水平。不断扩大保险业的规模，力争到 2015 年保险深度和保险密度达到全国平均水平，并不断扩大保险资金利用规模。

第三，金融体系完善工程。要以地方金融体系为重点，全面提升地方的金融实力。以完善金融服务体系为重点，全面改善农村金融服务。

第四，实施金融开放推进工程。要深化和泛珠三角的合作工作，全面深化与东南亚和南亚的金融合作，我们已经和老挝、越南、缅甸、泰国、新加坡等国家在金融合作方面达成共识，建立了很多的共同合作点，正在积极地向前推进。与南亚和东南亚的金融合作的前景是非常广阔的。

第五，要进一步做好人民币跨境贸易的试点。积极扩大试点的范围，增加试点的企业，探索服务贸易、货物贸易和投融资跨境贸易的结算力度；在南亚、东南亚全力加大人民币跨境贸易结算的力度，在与云南接壤的周边国家，人民币接受的程度非常广泛，在东南亚国家使用人民币的频率是非常高的，现在我们的边境贸易，甚至一些大贸易很多都用人民币结算。

第六，实施金融的创建工作。要覆盖银行、证券保险的支持体系，全面加强金融证券的服务，实施金融生态环境建设，让我们的各级干部带头加强金融问题的研究，带头鼓励建设金融环境。要把这个作为一个考核的重要指标。加强社会诚信体系建设，加强金融指导。最后一个工程是实施金融人才建设工程，云南是一个西部地区，也是一个经济社会相对不发达的地方，之所以不发达，是因为缺乏人才，尤其缺乏金融方面的人才。要科学制定云南金融人才的发展规划，积极推进本土人才国际化，国际人才本土化，造就一支规模适度、结构合理、素质优良的金融管理服务人才队伍、金融企业管理人才以及党群管理人才、科技人才、技能人才，力争在未来的五年内培育更多的金融人才，特别是地方金融人才的培育发展环境得到较大的改善。为云南金融支持服务"桥头堡"建设，把云南建成面向南亚、东南亚的国际金融服务中心。

女士们、先生们，建设中国连接东南亚、南亚国际大通道和建成中国面向西南开放的重要桥头堡，是我们国家的重要战略目标，西部大开发十年来，云南为了大通道目标，全面推进公路、铁路、航空、水运向南亚、东南亚延伸，对外开放的路已经打开了，内陆边陲现在变成了开放的前沿。在这个历史起点上，云南正在着力建设向西南开放的"桥头堡"，我们将牢牢抓住这个历史机遇，加快云南金融的改革和发展。同时我们殷切地希望在座的各位专家、朋友加强与云南的金融合作与交流，我们共同来促进新一轮的西部大开发，为云南这个重要的桥头堡的实现，我们也建议定期不定期地交流，共同创造云南以及西部各个省市之间的经济金融的互利共赢，繁荣发展。

谢谢大家！

（根据录音整理，未经本人审阅）

认真贯彻执行特殊优惠金融政策，全力支持西藏在西部大开发战略中实现经济社会跨越式发展

中国人民银行拉萨中心支行行长　　旺　堆

尊敬的各位领导，

各位来宾、各位朋友：

大家好！

在国家实施西部大开发战略十周年之际，中国西部金融论坛组委会在这里隆重举办新一轮西部大开发金融支持与金融创新高层次金融论坛，我认为十分及时、十分必要。相信这次会议将为今后一个时期西藏金融工作更好地开展大有裨益。

下面，我就过去十年和今后一个时期西藏金融工作的开展和思考向大家作一个简要的汇报。

一、主要做法和取得的成效

多年来，特别是过去十年，西藏金融系统按照"一个宗旨、两大重点"认真开展各项工作，取得了很好的成效。一个宗旨，就是全力支持西藏经济社会发展。两个重点，就是坚定不移地认真贯彻好中央赋予的特殊优惠金融政策；积极向自治区党委政府和人民银行总行反映现行金融体系，争取尽快建立健全。

一是全盘联动。过去十年，我们一直坚持政策先行原则，先后草拟了西藏需要的"十五"、"十一五"特殊金融政策意见，全部获得国务院批准。每年初，在充分征求有关部门意见的基础上，我们及时出台相关区域金融政策和措施，并根

据实施效应认真及时修订，并一直坚持与西藏银监局按季召开西藏经济金融运行分析会，半年和年底还邀请自治区政府领导和相关经济职能部门出席。各金融机构认真总结前一阶段的主要工作，分析取得的成绩和存在的不足。自治区政府领导也及时给予指示，相关经济职能部门也及时提出了很好的意见和建议。这为我区金融工作更好地开展奠定了坚实的基础。

二是不断创新。西藏由于历史原因、特殊的地理条件和严峻的反分裂斗争形势，使经济社会在发展中存在很多特殊困难和问题，也给金融工作提出了很多挑战性的问题。我们的做法就是，在创新中解决问题。例如：中央和自治区政府开展的很多项目、农牧民群众开展的脱贫致富项目等都需要贷款，但这些贷款基本上都缺少抵、质押物，不符合商业银行贷款管理规定。从这一实际出发，我中心支行及时沟通，形成了由自治区发改委统一担保，对涉及交通、能源、特色产业等项目及时发放贷款，有力地支持了这些项目的顺利开展。针对农牧民群众普遍缺少抵、质押物，但贷款需求强烈的实际，我中心支行在充分调研论证的基础上，根据其收入、信用等情况，出台了以钻石、金、银、铜卡为载体的信用贷款管理办法，获得四卡的农牧民群众，最多可获得 15 万元，最低可获得 6000 元的贷款额度，农牧民群众在获得的额度内，可随时到商业银行分支机构办理贷款，有力地支持了农牧民脱贫致富。到 2009 年年底，全区各项贷款余额 248.35 亿元，比 2000 年增加 167.73 亿元，增长 2.34 倍。截至 2010 年 6 月末，基本建设贷款达 36.97 亿元，较 2000 年末增加 29.55 亿元，增长 3.98 倍；矿产业、建筑建材业、绿色食（饮）品业和藏医藏药业、旅游业、民族手工业等特色产业贷款余额达 34.08 亿元；中小企业贷款余额 88.86 亿元，占贷款总额的 33.02%。全区涉农贷款余额 55.46 亿元，比 2000 年末增加 44.4 亿元，增长了 4 倍，"钻石、金、银、铜"贷款证共发放 38.6 万余张，发证面 98.19%，使用率 95.88%，不良贷款率仅为百分之零点几。西藏由于交通不便、地广人稀、语言障碍及缺电等原因，很多新业务的开展遇到十分具体的困难。我们按照有条件要上、有困难克服困难上的原则，经过努力，目前西藏金融机构金融产品和服务方式不断创新，金融服务水平不断提高，形成了以现代化支付系统为核心、商业银行行内系统为基础的支付清算网络体系。

三是服务体系不断健全。目前，西藏已形成了人民银行、银监局、证监局、保监局并存的金融管理体系，形成了包括工、农、中、建、邮政储蓄、国家开发银行、中国银联、人保、安邦、平安、人寿和西藏同信证券在内的金融服务体系、服务网络覆盖全区，服务功能日益完善。资本市场规模也逐步壮大，目前已有 9 家上市公司。

这是一个质的飞跃。

四是保险功能不断增强。十年来，西藏保险业对经济的补偿作用得到了进一步发挥。到 2009 年年底，实现保费收入 4.01 亿元，比 2000 年增加 3.31 亿元，增长 4.73 倍；已解决赔款金额 1.95 亿元，比 2000 年增加 1.7 亿元，增长 6.8 倍；保险密度 138.13 元/人，比 2000 年增加 111.15 元/人，增长 4.12 倍。

二、金融运行中存在的主要困难和问题

在党中央的关心下、在全国人民的大力支援下，经过全区各组人民的共同努力，西藏已步入了经济社会跨越式发展阶段。大发展需要大投入。目前，西藏企业普遍规模较小，盈利能力较差，且融资手段相对单一，对银行贷款依赖程度较高。实际工作中，辖内各商业银行机构均执行各自总行制定的全国统一授权、授信和审贷等办法，加之监管部门采用与全国一致的监管标准，西藏企业普遍信用等级较低，获得贷款的能力差，很大程度上制约了企业的有效信贷需求。我们在贯彻中央赋予西藏"十一五"特殊优惠金融政策时明确指出："对基本面和信用记录较好、有竞争力、有市场、有订单但暂时出现经营或财务困难的企业积极予以支持，对辖区达到贷款条件、有发展前景的企业，在风险可控的前提下，可根据企业的订单、应收账款、上缴税款、生产情况积极开展与担保公司的合作，发放担保贷款，最大限度地满足我区企业的融资需求，支持其做大做强。"这就使政策与商业银行一级法人制管理产生了矛盾，特殊优惠金融政策未完全得到落实。

三、下一步工作的思考

中央第五次西藏工作座谈会明确指出，西藏的发展关系全国的发展，西藏的稳定关系到全国的稳定，西藏的安全关系到全国的安全。西藏问题不能仅靠算"经济账"的方式去思考、去解决。西藏金融机构也必须在追求经济利益与履行政治责任之间寻找平衡。如果算"经济账"，就没有青藏铁路这一"天路"神话，就不可能有阿里昆莎机场等一大批涉及国计民生的大基础设施的建设。多年来，西藏金融工作取得了较为明显的成绩，这与自治区党委政府的关心、上级的领导密不可分。下一步，我们将在进一步用好、用活、用足特殊优惠金融政策上做文章，引导在藏金融机构不断增加有效信贷投入，为西藏经济社会跨越式发展提供强有力的支撑。中央第五次西藏工作座谈会和国办函〔2010〕62 号也明确提出："各商业银行对在藏分支机构实行差异化的信贷管理办法和单独的考核办法，合理扩大授信审批权限。"根据特殊优惠金融政策执行中遇到的困难，我们会进一

步向人民总行汇报，加强与银监会、各商业银行的沟通，争取授权西藏辖内分支机构制定符合西藏实际的监管、信贷管理及考核办法，打破全国一把尺子衡量西藏企业的瓶颈，使中央赋予的特殊优惠金融政策得到全面落实。也请各位专家、各位领导帮助我们出出主意。

大美西藏，心灵之旅，热忱欢迎各位领导到西藏参观、调研。

以上汇报，不妥之处，请批评指正。

谢谢大家！

在西部大开发与金融支持和金融创新分论坛上的发言

成都银行董事长　毛志刚

各位领导、各位来宾：

上午好！

非常荣幸有这样一个机会，向与会领导、各位来宾，以及长期关心我行发展的朋友们，汇报成都银行如何通过金融创新，抓住西部大开发的历史机遇，抓住成都统筹城乡综合配套改革的机遇，在助推地方经济发展的同时，实现自身的快速、稳定、健康发展。

中央实施西部大开发战略 10 年来，在党中央、国务院、省委省政府的坚强领导下，全省人民真抓实干，紧紧抓住这一重大历史机遇，大力推进基础设施建设、生态建设、经济结构调整，实现了全省经济社会的跨越式发展。作为四川的省会，成都积极投入西部大开发的大潮中，并于 2007 年 6 月获准成为全国统筹城乡综合配套改革试验区，掀开了统筹城乡发展的新篇章。经济是金融的基础，在西部大开发的背景下，全省经济、特别是成都经济的快速发展，为成都银行带来了崭新的发展空间。近年来，成都银行各项监管指标持续改善，利润水平大幅

提高，发展素质全面提升，近期总资产和总存款双双突破 1000 亿元大关，继续领跑中西部城市商业银行，位居全国城市商业银行前列。金融是经济的核心，服务经济发展是金融的天职。在西部大开发的大潮中，年轻的成都银行"立足于地方经济的发展、服务中小、服务市民"，加强产品创新和服务创新，满足实体经济部门和广大市民的金融需求，助推地方经济的发展。

一、立足地方经济发展，助推全省基础设施建设

十年西部大开发，全省城市基础设施、交通设施、农村农田水利设施等获得了快速发展，这也对信贷资金提出较高的要求。成都银行通过积极与其他金融机构合作，以银团贷款的方式，克服自身资金实力不足的弱点，满足客户的大额资金需求，助推城市基础设施、农村农田水利设施、交通设施建设，促进地方经济的发展。不仅如此，针对购买工程机械的中小企业、个体户在资金上的缺口，成都银行在对四川及周围省市的实际各项产业、基础建设开工情况深入调研的基础上，通过与经销商、生产商合作，由经销商、生产商提供担保，对购车客户发放以所购机械为抵押物的"工程车按揭贷款"，这既直接解决了购买人的资金短缺问题、"间接输血"厂家和经销商，也有力地保障了各施工现场对工程机械的需求。截至目前为止，我行发放个人工程机械按揭贷款达 14 亿元，在全省个人工程机械按揭贷款市场上占据 70% 以上的市场份额。

二、创新合作模式，支持工业园区内中小企业的发展壮大

随着成都城乡统筹改革的推进，按照"工业向园区集中，一区一主业，着力推动产业集群发展"的思路，成都市将开发区整合为 21 个工业集中区和 9 个镇工业区。工业园区的建设、发展需要资金的支持，园区内各类中小企业的发展需要资金的支持，而管控好中小客户的信贷风险，是商业银行持续地为中小客户提供信贷支持的基础和前提。我行在积极践行银监会"六项机制"建设，成立中小专营支行，并通过流程变革提高服务效率的同时，通过合作模式创新和产品创新，全力助推中小企业的发展。第一，创新合作模式。针对园区属地政府对园区内企业扶持意愿高、信息掌控能力强等特点，我行按照"责任共担、利益分享"的合作原则，创造性地提出了银行、工业园区属地政府、担保公司"三方合作模式"，通过对园区企业的整体授信，支持园区内中小企业的发展。（委托对区内企业的信息掌控及时、详细的园区管委会协助部分贷款的贷后管理工作，不仅大大节约了信贷人员的精力，还提高了贷后管理的精准性，充分发挥银行的融资优

势、地方政府的信息优势和管控优势、担保公司的担保优势。）目前，我行已与成都市 15 个园区建立了合作关系。第二，通过产品创新，为客户提供多样化金融服务，走特色化发展道路。针对中小企业有效抵（质）押物少，融资难的特点，成都银行广泛收集客户需求，为中小企业量身定制金融产品，推出了"财富金翼"中小企业金融产品系列，下有"互保贷"、"知识产权质押"、"物业通"、"库商银"、"厂商银"和"抵贷易"等多个贷款品种。丰富的贷款产品为中小企业客户提供了更多的选择，满足了中小客户多样化、差异化的融资需求。

三、抓住城乡统筹改革机遇，全力助推城乡一体化建设

"城乡统筹改革"是打破中国二元经济结构，实现城乡一体和谐发展的必由之路。城乡一体化建设离不开资金的支持，作为地方金融机构，我们支持城乡统筹改革，为农村、农户提供金融服务，重点在于打通城乡资金融通的隔墙，解决"二元"经济模式下城市经济对乡村资金的"倒吸"。第一，创新服务品种。根据"三农"的资金需求特点，积极开发针对龙头企业、"公司＋农户"、"大户＋农户"、"基地＋农户"的信贷产品，推出农村专业合作社贷款、农业订单贷款、季节性融资贷、农户小额信用贷款、农户服务业贷款、新居工程个人住房担保贷款等贷款品种，满足涉农客户多元化的资金需求。第二，创新信贷模式，支持现代农业企业做大做强，带动农村经济的发展。主要通过"统贷统还的模式"向农投公司提供综合授信，实现对各区县 50 多个农业产业化重点项目的资金支持。第三，创新担保方式。随着农村产权确认和流转工作的逐步推进，农户的抵押物得以丰富，成都银行积极跟进农村产权改革，制定《成都银行农村产权抵押贷款管理办法》，推出农村产权抵押融资服务、林权抵押融资服务，并通过与担保公司的合作，积极推进保证担保融资业务。第四，优化网点布局，建立"支农资金保障机制"。通过撤并整合城区网点，将有限的网点资源向县域经济圈倾斜，实现对全域成都的覆盖，在部分经济发展较快的县域的支行，还增设了第二网点、第三网点，以此进一步完善和提升对这些区域的金融服务功能。同时，为保证"三农"建设的资金需求，每年安排专项资金用于支持新农村建设，确保每年新增信贷投放总量中不低于 10％资金用于新农村建设；要求县域支行分支机构在当地吸收存款的 70％以上必须用于支持所在县域经济的发展和当地新农村建设。

四、设立科技支行，服务高科技企业，助推高新产业园区建设

高科技已经成为衡量一国综合国力的重要标志，高新产业已成为经济发展的

强大"推进器"。高新产业的发展对成都的跨越式发展、乃至西部的现代化转型，无疑具有重要意义。但是，科技型企业由于普遍存在较大的技术风险、市场风险、经营风险，同时缺乏有效资产抵押，难以达到现行银行管理制度对风险监管的要求，长期面临融资难的困扰，其发展壮大受到资金短缺的制约。为解决这一矛盾，在国家科技部、四川省政府、成都市政府和省市科技部门的大力支持下，成都银行设立科技支行，为省内科研机构和科技型企业提供全方位的金融服务。科技支行通过金融创新，改变以产品为中心的传统营销模式，在充分调研科技型企业融资需求的基础上，为其量身定做产品，提供一揽子融资解决方案；先后在成都市高新区推出软件企业平台"集合融资模式"，与成都市科技局合作开展知识产权质押贷款业务，与市中小企业局和高新区合作开展科技型企业信用贷款业务，初步形成了服务科技型企业的特色业务体系。

五、设立四川锦程消费金融公司，满足城乡居民多层次的金融需求

国家出台消费金融公司试点政策后，我行与战略投资方丰隆银行决定进一步加强合作，发挥各自优势，合作成立四川锦程消费金融有限责任公司。锦程消费金融公司把满足个人消费业务短期、小额、无担保、无抵押、审批快速灵活的需求作为运营的核心特征，主要为消费者提供个人耐用品消费贷款和一般用途消费品贷款两大类金融服务，满足市民在家用电器、旅游、婚庆等方面金融需求，切切实实为商业银行无法惠及的个人客户提供新的可供选择的金融服务，并通过与成都银行交叉营销、错位经营，实现彼此业务上的良性互补和联动发展。

六、努力提升辐射能力，助推成都"西部金融中心"建设

金融是经济的核心，区域性金融中心建设承担着国家战略执行、金融体制转型与金融产品创新的重任，成都"西部金融中心"建设，为全川经济、西部经济的发展无疑具有重大的影响和深远的意义。金融中心的职能不仅是金融交易的集中，还是金融资源配置的分散；金融中心不仅是资金的聚积地，还是资金的分散地。作为地方商业银行，我们不断提升自身竞争力，按照"做精成都、做实四川、做强西部、辐射全国"的策略，为成都西部金融中心建设添砖加瓦。第一，积极到省内重点区域开设分支机构，服务全省经济建设。截至目前，我行已在重庆、广安、资阳等地开设分支机构，眉山分行已获批筹建，内江分行正在进行前期的准备工作。下一步，我们将继续努力提升管理能力，在各级政府、监管部门的支持下，加快步伐，在省内重点区域设立分支机构，为全省各市州提供更好的

金融服务，提升成都"西部金融中心"的辐射能力。第二，加快在上海、深圳等发达地区设立分支机构的步伐，助推成都西部金融中心建设。在上海、深圳设立分支机构，参与其国际性、全国性金融中心的建设，能有效承接其信息、技术、管理优势，增强其资金聚集与辐射功能，并实现成都"西部金融中心"与全国金融中心的对接，促进西部金融中心建设的快速发展。

各位领导，各位来宾，西部大开发已经取得了辉煌的成绩，作为地方金融机构我们尽了一些绵薄之力。随着我国经济的快速发展，西部大开发的步伐将继续迈进，成都银行也因此而获得更加广阔的发展空间，提供更加全面、更加优质的金融服务。

最后，祝首届西部金融论坛取得圆满成功！

谢谢大家！

国家经济结构转型与金融服务创新

南洋商业银行执行董事兼行政总裁　曾小平

尊敬的各位领导，
各位学者、专家，
各位同行，
女士们、先生们：
　　大家好！
　　首先非常感谢论坛组委会给予我们南洋商业银行（中国）有限公司这样一个学习和交流的机会。刚才很多领导、专家、学者以及我们的同行做了很好的演讲，给了我很好的启示，使我受益匪浅。下面我想就金融服务与创新如何配合国家经济结构转型谈一点认识和体会，如有不当之处，请大家批评指正。

一、国家经济结构转型对金融提出了更新、更高的要求

1. 经济运行过程中面临的一些突出问题

中国改革开放 30 多年以来，社会经济获得了快速发展，取得的成就是举世瞩目的，国人更是亲眼目睹、亲身感受，西部大开发带来的发展和变化也是同样的，有目共睹。但是在经济快速增长的同时，也积聚了一些深层次的矛盾和问题。如第一产业，第二产业，第三产业之间发展不平衡；过度依赖出口导致国际收支失衡；国内消费增长占比过低；高能耗和环境污染的问题；社会分配不公导致贫富差距过大等。与此同时，在金融危机以后，以政府投资为主导的刺激经济计划所引发的"国进民退"问题也备受关注。我想在中西部地区，这些问题都不

同程度的存在，特别是高能耗和环境污染的问题会相对更加突出。

2. 国家经济结构存在大调整和转型的必要

通过分析国际上一些发达国家经济发展的经验来看，中央政府从战略性的高度和可持续发展的角度出发，提出了经济结构调整和转型的要求。特别是五中全会以后，提出了包容性的增长及一系列的政策和措施，更加明确了战略性产业的方向。如新能源、节能环保和新材料等。西部大开发战略也将抓住一些发展的重点产业，避免一些高能耗、低技术含量产业的引进，同时应吸收我国在东部产业转移的一些经验。

3. 金融业自身的转型也势在必行

国家的经济发展转型，我们的金融业本身也应与之相适应，活跃的经济是银行经营的动力和源泉，而且金融本身也是经济体系中的重要组成部分，经济发展方式的转变，必将带来金融服务的改变，以及创新的需求。转变的动力，一方面是来自于政府的政策性要求，监管部门的引导，另一方面来自于市场以及市场主体的需求与选择，这方面对金融业来讲，也会形成一些新的需求。除此之外，我想还来自于金融企业自身的发展要求，即我们如何去适应近来转型的要求，因此，我认为我们金融业要因势而变，要根据市场客户的需求，在市场定位、发展策略、路径选择及措施上都要做出战略调整，使自身的经营发展更符合客户和市场的要求。

二、创造良好的金融环境，鼓励金融创新

1. 怎样改变现在的金融环境

我国的金融业起步较晚，发展时间也较短，有些金融机构和业务发展还不到20 年，金融业的真正崛起并得到快速发展实际是从 2000 年以后开始的。但是我们金融业对整个国家经济社会的发展所做出的贡献都是有目共睹的，这也是一个不争的事实。当然，我们也要清醒地看到，金融业还存在不容忽视的问题，比如说在金融立法方面是滞后的，大家知道，到现在为止我们的贷款规则还没有做出任何的修改。现在股权性的融资会受到银监会的监管，但从去年金融危机以后，大量发生的并购贷款实际上和上市融资是一个道理，我们在立法方面却还没有做出修改。还有监管制度的实施和我们目前市场的需求和金融业的发展相比，还是有一定的差距。再有整个市场的规范，社会金融体系的建设等等方面都还需要做进一步的改革和完善，特别是在社会信用体系建设方面，如果不很好的改善，金融业务的发展就会受到很大的制约，刚才很多学者都谈到担保问题、诚信问题，

这些都会制约金融业的发展，所以必须要做进一步的改革和完善，从而创造一个有法可依，规范透明的环境，这样才能适应国家经济发展转型的需要。

2. 鼓励金融创新的措施

全球金融危机以后，大家都在分析这场危机发生的深层次原因。制度缺失、监管不力、对于衍生金融工具的不当使用等均为诱因，我想这次金融危机也会使我们更加清醒地看到和认识到，金融业审慎发展的重要性，但是同时我们也不能停止创新，反而要积极鼓励创新。一方面创新是不竭的动力，不创新就没有出路，国家改革开放30多年来，金融方面的创新有了丰硕的成果，这一点充分的证明不创新是没有出路的。另外一方面就是市场的变化对金融创新本身有着极其强烈的要求。第三是创新能创造更多的价值，我觉得服务价值的创造，这是来自于创新。当然我们也知道创新是要付出代价的，风险也是不可避免的，所以我认为有必要从几个方面研究下一步的创新措施。第一，金融创新要有政策和监管层面的指导。这就要求进一步完善我们的法律法规，我们很多的法律是滞后的，一些制度和规定不能适应现在实际的金融发展需要，只有把政策层面、监管层面和法律层面解决了，这样才能使得我们的金融创新有法可依，有章可循。第二，金融创新要有一定的包容性。今天人民银行的汪小亚副局长也谈到这一点，只要在政策和规章制度范围内，经过有关程序批准的创新，在实践中如果出现了问题，若不是系统性的问题，我觉得应该以包容的态度来妥善处理，而不应非常的严厉，这样会挫伤金融创新的积极性。只有充分的包容性才能激发我们金融机构创新的热情。第三，金融创新需要规范的管理。首先我们金融机构本身在创新的态度上要端正，创新不等于走旁门左道。现在有一些金融同业，在创新问题上，实际上是打了一些擦边球，因此我觉得金融机构的自律是非常重要的。另外监管机构应该加强对创新的管理，明确指引报备手续，包括对创新进行指导、检查、监督，这样才能保证创新的合法性。再有要建立客户的监督、反馈制度和市场评价机制。创新不仅是金融机构自身发展的需要，更需要适应市场，适应客户的需求。第四，金融创新要实现"差异化"和"区域化"，各金融机构现在都有自己的发展策略，根据自己的需要来确定目标客户群和业务方向。不同区域的金融机构面临的市场和客户的需求是有所不同的，因此，金融创新应有一定区域性的差异化和业务上的差异化。

三、南商（中国）将竭诚为国家经济发展转型提供良好的金融服务

南洋商业银行是庄世平先生1949年在香港创立的商业银行，当时的定位是

为珠三角和香港金融服务。2002 年前，中国银行在香港有 14 家成员行，南洋商业银行是其中的一家，改革开放以后南洋商业银行首先在深圳设立了全国第一家外资银行，不久后，在国内的其他地区也设立了多家分行，2007 年，南洋商业银行的内地分行统一转制为外资法人机构，随即就设立了南洋商业银行（中国）有限公司，简称南商（中国）。2009 年中国银行（香港）有限公司［简称中银香港］在内地的所有分支机构并入了南商（中国）。从这样一个背景来看，南商（中国）是中银香港百分之百持有的在内地设立的外资法人机构。因此，南商（中国）是具中国银行背景，直属于中银香港的外资法人银行，总部设在上海，现在全国有 12 家分行 8 家支行，其中包括成都分行和南宁分行。

南商（中国）的服务理念是"从香港到内地，服务一脉相承"，我们将发挥自身在中银香港、南商香港和中国银行的联动优势，为国家经济发展转型，为广大境内外客户提供全面金融服务。

那么我们南商（中国）的特色是什么呢？我们的地缘优势，与其他外资银行有所不同，我行的业务从境内到境外可在中国银行系统内全部完成，具有快捷、高效、安全的特性。目前我行已经设立了三个中心，就是离岸中心、押汇中心和产品研发中心，同时提供 NRA 账户和跨境人民币结算、内保外贷、多方协议融资业务、投资理财、见证开户和一卡两账户等多种产品组合，将能为客户提供最好的选择。我们也正在研究南商（中国）的业务与中国银行内地所有分支机构连通的问题。如果顺利对接，不仅为广大客户带来更便利、快捷的服务，也将使我行的网络方面得到延伸。

南商（中国）将根据自身发展战略，以及中西部一些发展的机遇进一步研究于适当的时候，在西部重点区域，增设网点。我也建议西部金融机构的设置，是否可以借用广东 CEPA 这样的政策。

本人的演讲就到这里。最后预祝本次论坛取得圆满成功，也祝西部大开发更加辉煌灿烂！

谢谢大家！

创新金融发展思路
为新一轮西部大开发提供更好的金融支撑

青海银监局党委书记、局长　冷云竹

尊敬的各位领导，
女士们、先生们：

大家上午好！很高兴能够参加"第一届中国西部金融论坛"。下面，我结合青海经济金融发展实际，就金融支持新一轮西部大开发谈一些粗浅看法，供探讨。

西部大开发战略实施以来，青海省GDP连续10年保持10%以上的增长，金融业增加值实现翻倍，占到了GDP的4.2%。青海已进入经济加速发展、产业加快转型的关键阶段，也到了进一步运用金融杠杆推动经济社会发展的重要时期。如何进一步加大金融支持力度，深入推进新一轮西部大开发，是摆在我们面前的时代任务。我认为：

第一、要进一步创新金融发展理念，促进发展方式转变。青海省产业结构单一，产业链条较短，市场主体偏少、地区差异偏大，影响金融业发展空间，金融业与全国尤其是东部地区在发展阶段上有一定的差异。要想实现跨越发展和科学发展，就必须抢抓新一轮西部大开发的历史机遇，解放思想、转变观念，创新思路，明确重点，奋力闯出一条符合欠发达地区实际的科学发展之路。一是以金融发展与西部开发政策的有效融合推动金融业创新发展。前不久，国家在继续推进西部大开发的同时，又出台支持青海等省藏区发展的政策意见。金融业应主动作为，努力寻找宏观政策与金融业加快发展的结合点，拓展发展空间，在授权额度、贷款规模、贷款项目、指标考核上争取总行给予差别化支持，努力在推动地方经济加快发展中壮大自身，这不仅符合区域实际，更符合国家促进区域协调发展的基本政策。二是以发展绿色金融、低碳金融促进经济发展方式转变。新一轮西部大开发中金融业特别是银行业承载着推动经济发展方式转变和实现自身发展方式转变的重任。为此，要进一步调整信贷结构，大力实施绿色金融、低碳金融，积极发展节能减排项目融资，尽快建立支持循环经济发展的绿色信贷体系，加大对循环经济、生态环保、节能减排等项目的信贷支持力度，运用金融政策杠杆支持淘汰落后产能，促进企业技术改造和自主创新，为绿色发展提供支撑。更加注重对新兴产业、自主创新与技术改造等方面的信贷投入，更好满足经济结构调整项目的信贷需求，推动产业优化升级。三是以创新金融产品与服务促进城乡协调发展。金融业应主动适应经济社会发展，特别是针对重点领域和薄弱环节的金融服务需求，积极探索创新适合当地实际、可操作性强的金融产品和服务方式，满足多层次、多样化的金融服务需求。当前，应加大对当地中小企业、"三农"经济、特色文化产业、现代服务业和消费领域的信贷管理方式创新，着力开发有潜力、有吸引力的金融产品，增加有效金融服务供给，促进县域经济快速发展。加大金融对改善民生和玉树灾后重建的支持力度，促进社会和谐，为和谐发展增添积极因素。

第二、要进一步拓宽投融资渠道，保证可持续发展。现阶段，青海的发展主要靠政府投资撬动银行信贷为主。从要素禀赋看，最缺的仍是资金。要实现可持续发展，就必须把加速培育投融资市场主体、拓宽融资渠道、扩大融资规模摆在更加突出的位置。特别是在青海财力和融资能力都相对薄弱的情况下，整合和壮大地方金融实力，提高资本市场融资水平，显得尤为重要。一是增强地方金融机构自我发展和服务能力。推进地方金融机构体制机制转变，加快形成以城市商业银行、农村信用社为主体，各类地方性银行、非银行金融机构全面发展的地方金融组织体系。支持地方金融机构引进战略投资者，实现跨区域发展，提高经营水平和市场竞争力。支持大型企业集团设立地方保险公司、金融租赁公司、基金管理公司等新型金融机构，鼓励和支持民间资本进入中小金融机构，构建起多种所有制形式的金融服务体系。二是充分利用资本市场扩大直接融资规模。加快发展资本市场，支持企业进行股份制改造，培育更多符合上市公司条件的企业进入资本市场融资，通过发行新股、配股所筹资金投资于效益好、见效快的项目，使之成为区域新的经济增长点。对已上市企业，进一步完善法人治理结构，做好定向增发、并购重组等工作，扩大再融资能力。扩大地方企业发行债券的规模，提高企业对外直接融资的比例。引导和帮助符合条件的企业发行短期融资券、中期票据、中小企业集合票据等债务融资工具。三是加快证券、期货、信托业等发展步

149

伐。积极发展证券、期货、信托等非银行业金融机构,支持有条件的证券公司上市,大力推进现有期货机构开展股权调整、增资扩股等工作,支持信托公司开展创新型业务,努力发展融资租赁、商业票据、投资基金债券等业务,为西部大开发提供更多的融资渠道。扶持融资性担保机构发展,鼓励和引导担保机构扩大规模、创新产品,全面提升为中小企业、微型企业的融资担保能力。加快发展创业投资体系,建立创业投资引导基金,积极推动产业投资基金、风险投资的设立和运作,支持西部地区的产业发展与中小企业进行科技创新。

第三、要进一步推进内外交流互动,促进开放开发。在经济金融全球化深入发展的态势下,必须以开放的视野与合作的精神,在更大范围、更高层次上利用国际国内金融市场资源,促进西部开放开发。要进一步加强政策性银行、东部股份制商业银行、外资银行以及非银行金融机构的联系,大力实施"金融机构引进"工程,营造金融机构、金融资源集聚的平台,通过"金融招商"解决主体不足的问题。同时,要利用资源禀赋,发挥比较优势,扩大与国外特别是东盟、中亚地区的经济贸易合作,吸引更多的国际组织和外商来西部投资。推进东西部企业加强合作,加强金融支持,为西部地区承接东中部地区传统产业转移提供全方位的金融服务。

第四、要进一步优化金融生态,提升区域经济竞争力。西部大开发十年,金融生态建设取得较大的进步,但是,仍存在社会诚信意识较弱,拖欠、逃废债务行为时有发生,但打击力度不够等问题。因此,必须进一步加强金融生态建设,将其作为提升经济竞争力的一项基础性工作来抓。一是加强社会信用体系建设。以人民银行征信系统为基础,积极整合各方面的信息资源,建立联合征信机制,进一步完善企业和个人信用评价制度,强化守信激励和失信惩戒的有效办法,构建良好信用环境。二是建立金融监管部门与政府执法部门的合作机制。形成以政府为领导、金融部门为主体、有关行政司法部门为支撑、社会各方面共同参与的金融安全体系,共同打击金融领域的违法违规行为,加大力度,切实维护金融债权,共筑金融风险防线。

谢谢大家。

贯彻落实西部大开发战略
大力发展小企业金融

包商银行董事长　李镇西

各位领导、各位来宾，
女士们、先生们：
　　大家好！
　　近几年来，尤其是自此次金融危机爆发以来，小企业金融得到政府和社会各界的广泛关注。包商银行自成立以来就一直高度重视小企业和微小企业金融业务的发展。下面我首先就我国小企业金融市场前景及如何支持小企业发展谈点个人看法，然后介绍一下包商银行在小企业金融方面的一些做法。不妥之处，请各位领导、专家和同仁提出宝贵意见。

一、我国小企业金融市场潜力巨大，小企业的社会地位将进一步提升

　　小企业发展问题是世界性的难题。尽管如此，主要发达国家在支持小企业发展方面进行了很多有益的探索，使小企业与大中企业互为补充、共同发展，为经济发展和社会进步做出了积极的贡献。而从我国来看，长期以来，国家非常重视大型企业的发展，对中小企业尤其是小企业的重视程度则相对较低，从而在一定程度上影响了广大小企业的发展。特别是经历此次金融危机之后，我国更应把发展小企业提升到发展战略层面，作为各项工作的重中之重来积极扶持和推动，这是因为：

151

发展小企业是加快我国城镇化、工业化、现代化进程的需要。小企业广泛分布于广大城镇和农村，小企业的大量涌现，不仅改变了城镇居民和农民的传统生产生活方式，而且使广大城镇和农村的产业结构发生了巨大的变化，成为将手工作坊式生产和农业生产推向工业化生产的重要力量，进而有利于提高我国的集约化水平、城镇化水平和工业化水平。

发展小企业是解决就业、稳定社会、富民强国的良方。小企业是解决就业问题的主渠道，只有大力发展小企业，才能妥善解决我国比较严峻的就业问题；只有居民安居乐业，才能实现社会稳定，为我国经济社会和谐发展提供根本保障；只有百姓富裕，才能真正实现国家富强，中华民族才能屹立于世界先进之林！

发展小企业是调结构、促发展的重要手段，是我国经济下一轮增长的重要驱动力。从我国长期以来的经济发展来看，出口和投资一直是拉动我国经济增长的主要动力，消费尤其是居民消费在我国 GDP 中的比重一直在持续下降。消费增长乏力尽管有多方面的原因，但居民就业状况不理想、收入水平偏低，无疑也是不容忽视的重要原因之一。而支持小企业发展将显著改善居民的就业状况，提高居民的收入水平，进而从根本上提升居民的消费意愿，优化我国经济结构，确保我国经济持续健康发展。

由此可见，我国支持小企业的发展，从长期来看是战略性的重大问题，从现阶段来看则显得非常必要和迫切。

二、应把支持小企业发展纳入国家和各级政府的发展战略，并建立与经济发展状况相适应的小企业金融服务体系

虽然小企业在经济社会发展中占有重要地位，但小企业在人才队伍、经营管理水平、信息获取、市场准入、资金实力等方面，与大中企业相比仍有很大差距。要从根本上解决这些问题，需要各部门互相协调，积极配合。因此应把支持小企业发展纳入国家和各级政府的发展战略，以增强国家出台的各项政策的针对性和协调性，形成政策合力，改善政策的实施效果。

另一方面，缺乏金融支持是制约小企业发展的重要因素之一，因此应逐步建立与各地经济发展状况相适应的，银行、证券、保险、创业投资基金、风险投资基金、私募股权基金，以及小企业评级体系、咨询服务体系、培训体系等协调发展的小企业金融服务体系。

三、包商银行的具体做法

近几年来，包商银行通过明确发展战略、优化经营管理模式、培育核心技术、打造高效队伍，积极推动小企业金融业务的发展，取得了较好的经营效果。

在发展战略上，明确了"以小企业为核心客户"的市场定位，制定了"打造小企业金融服务集成商"的发展目标。从 2005 年开始，包商银行基于对外部环境和自身情况的系统研究，提出要专注于服务小企业和微小企业，这样才有利于与同业展开差异化竞争，同时在一定程度上分散经营风险。2010 年年初，包商银行进一步制定了"打造小企业金融服务集成商"的发展目标。

在经营模式上，把小企业信贷提升为小企业金融，逐步打造"客户导向"的商业模式。小企业和微小企业的金融服务需求非常广泛，并不仅限于信贷。通过为客户提供全面的金融服务，不仅方便了客户，节约了客户的财务费用，而且大幅提高了银行的经营效率。积极拓展业务范围，变"产品导向"的经营模式为"客户导向"的经营模式，是包商银行提高经营效率的重要一环。

在管理模式上，初步建立起与市场需求相适应的事业部制组织架构，为优化商业模式提供了体制和机制保障。小企业和微小企业与中型企业有不同的经营特征和金融需求特征，比如，小企业和微小企业一般没有完整的财务报表、没有正规的抵押品、生意和家庭收支不做严格区分等等。因此包商银行为了更好开展业务，把中、小、微型企业分开讨论，并积极探索建立在客户细分基础之上的事业部制改革。2009 年 4 月份，包商银行已初步建立起与市场需求相适应的事业部制组织架构，设立了微小企业金融部和小企业金融部，分别服务于贷款额度 100 万元以下的微小企业和贷款额度 100～500 万元的小企业。

在信贷技术上，逐步形成一套独特、高效、体系化的核心技术，核心竞争力不断提升。包商银行本着"先固化，后优化"的原则，在 2005 年系统学习国际先进的微小企业贷款技术的基础上，结合我国的实际情况，在市场营销、客户调查、贷款审批、利率定价、风险管控等方面进行了大量的创新，目前已形成一套独特、高效、体系化的信贷技术，对不断提升核心竞争力发挥了积极的作用。

在队伍建设上，基于信贷员胜任力模型选拔培养高素质的小企业信贷员队伍。由于开展小企业和微小企业金融业务需要信贷员通过与客户的交流获取大量的"软信息"，以判断客户的还款意愿和还款能力，因此打造一支高素质、能吃苦、有耐心、能深入基层的信贷员队伍对于发展小企业金融业务极为重要。目前，包商银行已选拔培养了一支 1180 人的小企业金融专业队伍。单月放款能力

最高达 5900 多笔，转正一年以上信贷员月放款能力达 15 笔以上，单个信贷员维护客户数量最高超过 200 户。无论单月放款能力还是信贷员单产效率均达到同业先进水平。

总之，经过五年多的实践，包商银行真切地感受到，小企业金融的确是商业银行的"蓝海"。商业银行应坚决贯彻落实西部大开发战略，大力发展小企业金融，积极支持广大小企业和微小企业的发展，为西部地区的经济社会发展贡献自己的力量。展望未来，包商银行将在各级党委、政府、人民银行和监管部门的悉心指导下，在广大同业和社会各界的大力支持下，致力于小企业和微小企业金融市场，立足百姓创业，立志国际品牌，努力成为一家具有影响力的、受人尊敬的、为小企业提供综合金融服务的"小企业金融服务集成商"！

最后，祝本次论坛取得圆满成功！

谢谢大家！

在西部大开发与金融支持和金融创新分论坛上的发言

西南财经大学中国金融研究中心主任　刘锡良

尊敬的各位来宾，
女士们、先生们：

上午好！

刚刚听到大家的演讲，很受启发。我想来讲一个观点。即金融支持，我对这个提一点看法，我说金融支持西部大开发这样大一个事情，十年前讲金融支持，基本上说得过去，但是十年后还讲金融支持，我就觉得是不是有点隔岸观火？好像我是在旁边想支持一下就支持一下，不支持就不支持，今天我可以支持，明天可以不支持。我在想从西部大开发本身来讲，这应该是金融业本身的一个重要的方面。

产业资本和金融资本要融合。我想强调的是发展西部，寄托于西部产业的发展也是金融产业本身发展的根本，如果没有金融产业，没有西部产业的发展、经济的增长，西部的整个金融业是发展不起来的，所以我说金融业不是一个隔岸观火，不是一个旁观者，而是西部大开发的直接参与者。第二点我在想中国经济发展的历程，深圳的发展，然后是浦东的开发，滨海新区的开发，后来我们又在提西部大开发等等。这一系列的开发，开发以后我们发现一个很重要的东西，一个共同点，即靠什么来发展？我认为有两个最基本的东西，一个是靠新兴产业，促进产业的转移。另一个是靠强大的金融产业，通过这么多年的发展，从最初的输血到造血，成长为南方一个相对的金融中心。上海浦东的开发，通过这几年的发

155

展也是实现了产业转型，金融产业也得到了迅猛的发展，客观上将要成为一个金融中心。当然这个金融中心的路还很长，但是成为一个金融中心这是不争的事实。从滨海新区的发展来看，在传统金融产业的发展上没太多的东西，但是在新兴金融产业上，特别在各种基金的发展上作出了非常重要的贡献。正是由于这样一些东西，为它的经济发展提供了一个强大的金融支撑。大家知道，昨天在跟戴相龙行长聊的时候得知，他们去天津之前，天津每年增加两百多亿、三百多亿，但是现在天津是增加到1400多亿，金融产业的迅速发展和推动是非常重要的。所以任何一个地方，总结深圳，总结上海，总结浦东开发，我认为新兴产业和现代金融产业的发展要融合，要通过从输血到造血，最后形成一个强有力的造血功能，因为这才是经济发展的根本。

第三点，西部大开发有十年了，十年取得了很多的经验，但是我认为在这十年里面，在金融产业的发展上有非常多的教训，教训多于经验。十年来，西部大开发取得的主要成就是靠什么？我认为是靠输血，靠政府的投融资体制本身。当然，金融业本身在很多方面也提供了支撑，但是金融产业的发展远远跟不上西部经济的发展，那么在西部的整个金融产业发展上，觉得有几个比较突出的问题。一个是整个金融产业发展滞后，特别是在西部的金融机构的数量、金融机构的服务质量、金融机构的服务水平跟整个西部经济的发展还跟不上这些方面。另一个是，在西部的产业发展与西部金融的发展中，产业资本和金融资本在发展上是脱节的，那么这种脱节就是说在西部大开发中这几年的成就是靠什么？主要是靠政府投融资体制，在基础设施建设和大型水利工程方面，靠国有银行来解决了很多的问题。靠这些机构解决问题的时候，我们西部的产业和金融产业本身并没有有机地结合起来，这样一个渠道在市场是非常行不通的。在西部来讲仍然是存在一个什么东西？存在一个各种资金，跟全国一样是向大城市、大项目、大企业集中的这样一个趋势。真正的小企业融资难，农村融资难，县域经济融资难。刚刚李行长讲做小企业这一块，他是抓住了一个很重要的东西。换一句话说，在大城市做银行业务不是本事，能不能在乡镇在县域经济把银行业务做好，我认为这是本事；做大企业也不是本事，能真正把小企业、微型企业做好这才是本事，这才确确实实需要本事。

在中国来讲，特别是在西部来讲，县域经济、农村经济、中小企业融资难的问题，现在越加严重，这个严重到什么程度呢？在很多地方存在一个很重要的现象，县域经济的发展，农村经济的发展，跟我们金融业本身的发展关系不密切、关系很小。我们资金集中在大城市、大企业。以后你就会看到，我们在大城市贷款增长很多，国家的投融资很多，但是我们的资本形成企业资本的很少，也就是说我们产生两个脱节，在农村产业资本和金融资本是脱节的，产业资本和金融资本是不融合的，在城市也是不融合的。所以在这样一个背景下，农村虽然是投入很少，金融机构的投入很少，但是它的经济发展来讲完全是靠其他的人在支撑。在城市金融投入很大，贷款很大，投资很大，包括我们是一个投资推动型的经济，但是资本形成，真正企业的资本积累是不足的，所以在县域经济企业的资本积累是不同的。这就导致我们资本市场非常落后，资本市场落后导致我们资本形成非常困难。所以说我们讲西部，我们过去讲西部为什么落后？为什么没有造血功能，只有输血功能？就是由于资金的外流，由于西部的储蓄不能有效地转化为投资。所以我们经常就看到越是落后的地区，越是落后的县，存贷差越来越大，资金外流越来越严重。有的县资金使用率只有10％多，存款很大，但是贷款是非常少的。这样一种格局没有根本的改变。同时来讲我们在整个金融产业的发展里面，特别是以金融服务配套的相关产业的发展，我们是严重的不足。包括各种信用评估公司和信用咨询公司，以及与金融发展相关的金融产业我们没有配套。在这样一种背景下，我觉得这是我们西部发展里面几个非常值得考虑的问题。

最后一个看法，我就觉得从国家的角度来讲，一个国家要成为经济强国，必须是经济帝国，经济的崛起必须要靠金融，没有金融，经济崛起是决不可能的。反过来看如果西部大开发要完成，西部的经济要崛起，要成为一个中国经济发展的重要力量，也必须要有西部金融业的崛起。所以，说我觉得下一步要更加深入地讨论西部产业怎么发展，西部金融产业怎么发展，西部的金融产业怎么和西部的实体经济、西部的其他产业有机地融合、融为一体，我认为这是我们必须要探讨的问题。只有在不靠输血的情况下，自己有强大的造血功能的情况下，如果说西部的开发能形成像现在的深圳、上海、天津开发区这样一种新的格局，我认为西部开发就取得了很大的成功。

谢谢大家！

（根据录音整理，未经本人审阅）

富登金控与金融创新

富登金融控股私人有限公司　董事总经理　詹文岳

各位领导、各位来宾：

大家上午好！

首先我讲一下金融创新。金融创新是非
常难的，严格意义上的创新，从 20 世纪 80
年代看到现在，没有所谓严格意义的创新，
金融创新不过是把现在的模式重组，甚至是
在监管不及的灰色区域打一些擦边球。我们
富登金控在过去的七年，得到了一些结论。
第一，金融创新随时要准备付出很大的代价，在 2008 年全球金融风暴的冲击下，
富登金控南亚小额贷款事业中损失了两亿美金。由于金融创新大部分衍化为了对
于创新表面模式的追求，而不是源于需求，最终都步入了因没有稳定的效益产出
或是风险爆发而结束。第二，金融创新本身并不是全能，比如说公司本身就不够
创新，公司对创新的需求意愿及对于创新的失败的容忍度是否足够都会影响了创
新本身的实质影响作用。现在有一些公司采用问责制和处责制，从某种程度上都
阻碍了今天金融创新的发展，很多大型的机构推出的一些金融创新本身也不过是
徒有虚名。

在此，我们归纳了几个金融创新的重点，抛砖引玉，供大家参考。

第一是危机，当危机发生的时候往往是做金融创新的重要的起点，像 1998
年亚洲金融危机，接着就做市场的开发。2008 年的金融危机，中国在这一波的
金融危机中不敢说全身而退，但是影响非常小。未来我们期待，一方面在正常的
监管过程中要持续地开放市场，另一方面也必须深思如何基于危机启动创新，才
能在类似 1998 年、2008 年的金融危机中立于不败之地。

第二是竞争的压力，竞争自然会引发创新，但是现在竞争的压力，我们严格地讲，因为财政补贴及逆差的保护，金融业本身很难有竞争的压力。

第三是提升，打一个比方，网络、互联网，以及高端的运算科技，包括云计算的广泛使用，未来对金融行业的发展将会有一个重大的影响。

第四是财务回报的追求，我们欣喜地看到一些银行已经开始并完成了股改，甚至上市，对财务数据的追求开始变得更加重视。这个也会触发创新。接下来是环境与趋势的改变，跟刚刚汪小亚局长阐释的一样。

最后一个当然是政策的干预和指引。打一个比方，西部大开发就是一个最好的机遇。纵观以上几点，我发现位于西部中心的成都市，其实恰好整合了以上几点的优势。

以上是从公司层面日常运营的角度来看金融机构怎么样把握这个机遇来进行创新，在宏观层面，在政策上，我这里想做一些呼吁。

第一，可以善用国家权力的介入，比如说降低一个利差的保护，允许像包商银行这样的银行，针对中小企业，在利差上有一定的优惠空间。

第二，要鼓励民间直接金融服务，降低金融机构的金融服务总体占比。

第三，要开发新型金融机构的准入。

第四，在创新的动力方面，我们觉得有一些政府可以引导的地方，最直接的是财政补贴。比如说对高科技、信息化系统的补贴，如果真正的是面向中小企业或者是微小企业的金融融资支持的，可以在风险上做补贴，让这些金融机构或新型金融机构可以撬动更多的资金。

如此在企业微观层面及政策宏观层面双方共同努力下，我认为在金融上的创新也是会水到渠成。

接下来介绍下富登金融控股公司。

富登金控是新加坡淡马锡集团100％持有的一家公司，它也是建行、中行的战略投资伙伴，在亚洲中、小、微型企业的金融服务业务得到了亚洲各国（包括中国）及世界银行的肯定。富登小额贷款也沿袭了富登金控的一直以来注重的特色，这些特色是富登淡马锡微贷模式的基础。

第一个我们专注于提供普惠金融，提供小企业、微企业的金融服务，这跟其他的金融机构包容所有层次的客户群不同，我们始终坚持了特定的服务对象。

第二个是能够稳步地执行，我们非常地坚持我们把国外的一些东西引进到国内有一个落地的三阶段：第一要经过一个蓝图的规划，经过 9 到 12 个月；第二是试运行，要经过 12 个月到 24 个月；第三是商业运转。这样的坚持不受任何外

力的干扰，我们认为唯有这样谨慎的操作，才能确保未来长期的可持续性的发展。打一个比方目前我们有一个小贷的项目，在成都，从 2007 年开始做调研，2009 年年初，开始试运营，2010 年的年尾我们接到认可，准备进行商业运营，我们对执行方面是相当谨慎的。

第三个很特别，是我过去在某大型论坛中强调的一个论点，就是本土主导的精神，富登金控很清醒地认识：淡马锡和外资要面向小微企业和县域经济的发展，仅依靠外来的团队是不可能的，所以我们很希望在度过了试运营后能引入本土的资金，培育本地的人才，同时能因地制宜地将调教后的微贷模式模块化，让富登微贷模式在中国能彻底成为一个本土的运营模式。

我们在中国的愿景是希望我们成为中国基层金融服务创新的领跑者，这要从我们的价值开始，我们强调几个价值，社会关怀是其中最重要的。我们在湖北即将要开展微贷金融的业务，有一位湖北金融界的同仁向我们公司申请一个工作，我跟他在谈论的时候，用一个最简单的字形容富登现在从事的业务的价值，我说中国在过去的几十年谈"爱"太少了，而且爱都是爱自己，我想在未来的几十年能否每人多爱一点儿别人。所以社会关怀是我们强调的价值所在。希望这个价值引发创新，不但是追求，甚至是崇拜。我们认为创新是我们这个组织成立的一个目的。

为了达到我们要成为微型金融服务创新的领跑者这一目的，我们有几个战略的思路。第一，我们希望成为小微企业公认的品牌，不求市场份额、不求人员、不求贷款的金额，求的是创新，希望他们在市场上认可我们。因为我们源于需求，所以我们认为这样才能持久的经营。第二，我们希望成为中国的本土机构，所以现在正在跟很多本土的投资机构洽谈，希望能早日把富登金控在中国的营运转化成一个本土的有特色的金融服务机构。第三，我们认为需要相应的政策支持，我们要去难的地方做难的事业，但是我们仍然认为必须要追求一个合理的财务回报，唯有如此我们才能持续地引进世界级以及国家级的资本，投入到这个事业中。

最后，我要谈一下淡马锡模式，过去我们曾在很多的场合谈论淡马锡模式。今天我第一次采用宏观、三维的角度来看这个模式。

我们敢于把淡马锡模式称作创新的模式是因为如下几点：

第一，是对市场的需求的创新，我们强调我们怎么面对普惠金融，第一个我们按照企业规模把客群分为中小企业、小微企业，每一层次客户群我们应该用不同的服务模式去照顾他们，源自于他们对金融的需求程度不同。第二个以社会关怀为公司价值基础，始终将广大被金融机构忽略的小微客户视为公司的融资服务对象。

第二，是运作模式的创新，把整个金融服务切成六个模块，每一个模块可以细分为六到八个不同的模块，我们把金融模块化，模块化的好处是在有规范的框框里面可以因地制宜，根据本土的特点来进行修改，而不需要改变整个的模式。打一个比方，我们非常坚持社区的经营，限制我们的服务范围只有十公里，如此才能更精致地服务于所在社区。

第三，我们采取多维的服务，根据借款的用途提供不同的贷款品种及计息方式。

第四，我们采取一个重质轻量的评审制度，强调以质量性指标来做评审。当客户出现违约延迟还款时，以金融业的通常观点来看，我们应该启动违约终止合同催缴程序。但是我们不会简单进行催缴，而是根据客户的违约性质区分对待，看能否追加新贷或延缓还款周期帮助客户走出困境。信贷工厂，我想已经反复的强调了，我觉得信贷工厂的监控，把整个银行变成工厂一样的，你可以实行质量监控，但是你监控什么，在这个指标上要看什么，这就谈到下一个主题，就是财务计划，细分到周，每一周的财务计划。

第五，是业务的创新，就像麦当劳和肯德基一样，我们把金融做一个创新。

第六，创新就是科技应用的创新，利用科技的创新保证员工能透过这些工具，透过流程，透过本地化的模块更为精准判断出一个客户的资信情况以及潜在的违约风险。

富登金控在区域创新上也有着几个优势，第一是我们有别的金融服务板块的获利所成本分摊；第二是我们有多国的实战经验，在亚洲几个国家都成功运营，未来在中国的落地过程中肯定犯的错会少一些；第三是由于淡马锡和富登金控在国外的名声更容易吸引跨国企业的投资；最后一个要感谢淡马锡，它是一个很有耐心的股东，它的长期支持才使得我们得以对这个行业持续的发展。

最后希望在座各公司以及我们所有的政府部门，能抓住西部大开发的机遇，创造一个更易于创新的环境。富登金控也希望在未来成为一家本土的金融机构。

最后我祝各位嘉宾领导身体健康！

谢谢大家！

积极推进金融创新
为西部经济发展高地建设提供支撑

四川省人民政府金融办副主任　艾毓斌

尊敬的各位领导，

各位专家、各位同仁，

女士们、先生们：

很高兴能在第一届西部中国西部金融论坛上与大家见面，并在第二分论坛上就新一轮西部大开发中的金融支持与金融问题共同开展研讨。今年注定会成为中国西部发展史上一个重要的和值得纪念的年份，因为在今年，即在西部大开发十年后，国家启动了新一轮西部大开发，西部的发展再次成为国家重大发展战略，西部将迎来快速崛起和加快发展的新的机遇。

创新是一个国家和民族兴旺发达的动力和源泉。金融要在新一轮西部大开发中发挥更加重要的支撑作用、实现自身的发展壮大，积极创新不可或缺。金融创新不仅能为经济社会的发展拓展新的融资渠道、提供更多的资金来源，更重要的在于，它能促进社会资金配置结构的有效优化和使用效率的大幅提高。无论在世界范围还是国内领域，经济发展的每一次飞跃，都离不开金融的强有力支持，而其最重要的表现，就是金融创新的大规模展开。可以说，金融发展壮大的历程，金融成为现代发展核心的历程，就是金融创新的历程。

近年来，四川在推进经济社会快速发展的过程中，重视发挥金融的作用，注意加强对金融创新的推动和引导，金融服务、金融产品创新积极开展，较好地满足了经济社会发展和人民群众多元化的金融服务需求。归纳起来，大致有三个方面：

第一，政府大力推动、人民银行和金融监管部门积极开展政策和监管实施方式创新，有力促进了金融机构提升金融创新和金融服务水平。省政府坚持每年召开全省金融创新等工作会议，鼓励金融机构加强金融创新，加大对我省扩大内需和灾后恢复重建的金融支持力度。人民银行成都分行创新运用多种货币信贷政策手段，加大对金融创新的支持和激励。如对地震灾区法人金融机构执行优惠的存款准备金率；对地震灾区、民族地区农村信用社中央银行专项票据兑付放宽条件、简化程序；将支农再贷款优惠利率适用范围扩大到一般灾区；积极推动再贴现，大力推广商业承兑汇票业务，拓宽企业融资渠道；推广诚信中小企业培植计划，改善中小企业融资环境；制定完善《四川省林权抵押贷款管理办法》、《四川省专利权质押贷款管理办法》等，拓宽抵押资产范围；大力支持四川企业在银行间市场融资，实现了四川企业在银行间市场发行中期票据"零"的突破，2009全省中期票据和短期融资券注册额度达 160 亿元，实现直接融资 107 亿元，4 家城市商业银行还获准发行次级债 6.6 亿元。四川银监局加强监管激励导向机制的创新，引导国有商业银行和股份制银行对现有网点进行优化调整和功能转型，积极到县域、农村地区设立分支机构，支持符合条件的股份制商业银行设立以零售业务、中小企业贷款业务为主的"社区"银行和自助银行，鼓励辖内符合条件的法人银行业机构跨区域设立分支机构，实现跨区域经营。四川证监局加强与各市州配合协作，加大企业上市后备资源培育力度，充分利用抗震救灾绿色通道，推动条件成熟企业加快上市进程，支持企业到主板、创业板和海外市场上市融资；鼓励上市公司通过发行公司债券、可转债、增发、配股等多种方式再融资；支持上市公司通过并购重组、资产注入、整体上市等方式整合资源。企业资本市场融资取得新突破，从去年到今年 8 月，全省企业首发上市融资和再融资达到 410 亿元。四川保监局大力推动出口信用保险、政策性农险业务，支持保险参与我省医疗卫生体制改革，推进社会保障体系建设，保险的社会保障作用得到较好发挥。

2009 年全省保费 579 亿元，保险密度 709 元，保险深度 4.09％，为全省提供风险保障达 16 万亿元。

第二，金融机构大力开展金融创新，积极提升金融服务水平，努力满足经济社会发展和人民群众的金融服务需求。一是充分发挥金融创新在灾后恢复重建中的重要作用。各金融机构针对灾区实际，启动应急服务，迅速建成"帐篷银行"和"板房银行"等，落实各项优惠政策，扩大信贷审批权限和信贷规模，开设"绿色通道"，创新产品和服务，支持灾后恢复重建。如工行省分行向灾区投入自助柜员机、网银自助服务机等电子机具 7000 余台（套），同时推出项目前期贷款、项目搭桥贷款、固定资产支持融资和项目营运期贷款等项目贷款产品。省信用联社推出灾民生活费垫支贷款、灾民重建家园贷款、灾民恢复生产经营贷款、企（事）业单位恢复生产经营贷款和灾后重建项目贷款等创新产品。各金融机构对受灾企业和居民灾前已发放、灾后不能按期偿还的各项贷款实行"四不"政策。二是加强银政企合作，创新融资机制。招行成都分行推出信托贷款，通过发行银行理财产品在市场上募集资金，丰富企业的融资渠道。光大银行成都分行探索通过短期融资券产品拓展企业的直接融资渠道，降低融资成本，成功为攀钢集团企业承办短期融资券业务近百亿元。三是创新信贷品种，适应宏观调控要求，应对经济形势变化。兴业银行成都分行大力倡导"绿色信贷"，创新推出"节能减排项目贷款"；进出口银行应对国际金融危机的冲击，适时推出国际物流基础设施建设贷款、国际物流运输服务贸易贷款、出口基地贷款、出口企业固定资产投资贷款等创新产品，支持对外经济贸易。四是创新工作机制，促进中小企业金融服务水平不断提升。各银行机构根据中小企业资金需求"短、频、快、急"的特点，普遍设立中小企业融资专营机构，探索创新适合不同地域和不同发展阶段中小企业的融资产品和服务方式。如中行省分行建立了中小企业"信贷工厂"，对中小企业的融资服务进行标准化作业、专业化服务；浦发银行成都分行推出"创富助推器——成长型企业金融服务方案"，为中小企业提供组合融资产品库。五是大力开展农村金融服务产品和服务方式创新。国开行省分行深化与北川富民村镇银行的合作，同时启动巴中、郫县、威远三家村镇银行的筹建工作，积极支持地方"三农"和县域经济发展。农行省分行通过准入创新，减少农户评定级次，降低准入条件；通过授权创新，增加二级分行和县域行审批权限；积极开展产品创新，研发出农户小额贷款和金穗惠农卡等产品，发行全国第一张惠农卡。省联社运用"蜀信卡"、"蜀信·家园卡"等向全省 1800 多万户农民代发粮食直补、救灾补助等 20 多种财政支农补贴资金，并把小额农贷功能与之结合，努力满足农民金融服务需求。六是结合实际，创新开发民生金融产品。建行省分行与华西医院联合开发出华西健康龙卡；成都银行与省医院联合开发出锦程金康联名卡，同时提供金融服务功能和医院病历查询、预约挂号、医院缴费等功能；民生银行成都分行开发出薪资理财卡，为代发工资企业员工投资理财提供综合服务。

第三，金融创新有效扩大了可用社会资金规模，提高了资金配置和使用效率，满足了人民群众多元化的金融服务需求。一是银行信贷快速增长，规模不断扩大。2009年，全省金融机构新增贷款4561亿元，增幅达39.97%；今年1~8月新增2545亿元，增幅为23.58%。截至8月末，全省金融机构本外币贷款余额18529亿元，规模排名全国第七位。二是融资渠道全面拓展，融资规模快速增长。除银行信贷外，通过资本市场直接融资、银行间债券市场中短期票据融资、保险资金直接投资、银行资产转让以及信托、租赁投资等多种渠道获得的社会资金不断增加，仅今年上半年就达到540多亿元，全年有望超过1000亿元。三是重点项目和社会薄弱环节金融服务得到改善。金融创新有力地支持了全省灾后重建，今年8月末，全省灾后重建贷款余额达2560亿元。农村金融产品与服务创新逐步推进，人民银行在成都等5市开展的农村金融产品与服务方式创新试点进展顺利，全省有数十种涉农信贷产品相继开发应用。中小企业金融服务创新试点积极开展，中小企业金融服务得到提升。四是证券和保险业务方式创新稳步推进。成都、绵阳争取全国股份代办转让扩大试点准备进展顺利。农业保险覆盖面进一步扩大，优势集中产区育肥猪承保面提高到100%，油菜成为农业保险试点品种，农村小额人身保险试点市（县、区）扩大到128个。科技保险和信用保证类保险较快发展，商业保险纳入医改总体布局。

女士们、先生们，未来十年，国家加快转变经济发展方式，深入实施西部大开发战略，大力支持地震灾区发展振兴，将成渝经济区和藏区发展列入国家战略等重大举措，既为四川加快西部经济发展高地建设提供了难得机遇，也为金融业的发展提供了广阔的空间。在这历史的机遇面前，金融机构只有解放思想、积极创新，才能跟上时代发展的步伐。当前和今后一段时期，我们将重点从以下四个方面推进四川的金融创新。

首先，加快信贷产品和服务方式创新。一是加快信贷管理体制和流程创新。引导金融机构结合地区实际，探索新的信贷管理模式，扩大基层机构信贷审批权限，优化信贷管理流程，简化贷款审批手续，提高信贷管理效率。同时积极改进以不动产抵押为核心的贷款抵押机制，扩大信贷抵押担保物范围。二是推进信贷融资机制创新。积极引导金融机构开展未建立信贷关系企业的信贷辅导，鼓励金

融机构开展贷款转让、信贷资产证券化等信贷二级市场业务。积极发展重点项目和特大项目银团贷款。支持运用灾后重建特殊优惠金融政策，开发城乡居民住房重建、城镇建设等信贷产品。积极探索重大项目资本金、配套资金搭桥贷款等信贷融资方式。积极推广并购贷款、动产质押、应收账款质押等新型信贷产品。鼓励围绕国家产业振兴规划和四川产业发展规划，以动产或权利担保为纽带，以核心企业信用能力延伸为基础，探索产业供应链生产模式下的供应链金融，促进主导产业和产业集群发展壮大。三是积极拓展个人金融业务。支持银行机构开发基于银行卡的混合性、复合型个人金融产品。改进住房抵押贷款和大宗消费贷款服务方式，鼓励银行与信用担保公司和零售企业合作开展信用销售业务。鼓励银行设立个人金融服务专门机构，加强产品研发，利用新型服务手段，满足多元化的个人金融服务需求。四是努力改进中小企业信贷服务。鼓励银行设立专门的中小企业信贷服务机构，实行中小企业信贷业务集约化、专业化管理；创新适合不同地域和不同发展阶段中小企业特点的融资产品和服务方式，不断扩展融资渠道；积极研发以中小企业贷款为标的资产的信用风险管理工具，有效分散中小企业信贷风险。五是创新符合农村金融需求特点的产品与服务。全面推动农村金融产品与服务方式创新，按照"一县一特色"、"一行（社）一对策"、"一户（企业、农户）一模式"原则，大力开发符合农村经济和农户实际的信贷产品，改进服务流程，提高服务质量和效率。大力推广农户小额信用贷款和农户联保贷款，积极推广会员制担保公司、小企业联保等做法，积极探索银行与农村专业合作组织开展信用合作的有效模式。六是拓宽农村可利用金融资源。进一步发挥农村产权交易所的功能和作用，推动农村资产合理流动，为金融机构进入农村市场和农业发展领域创造条件；探索农村集体建设用地使用权（含宅基地）、农村房屋产权、农村土地承包经营权、林权等农村产权直接抵押贷款的有效方式；结合将要推进的土地经营权流转、抵押、联合和探索中的土地合作社等合作经济制度，探索扩大与农村土地承包经营权流转相关的信贷抵押担保品范围。

其次，积极推动金融市场和交易工具的创新和使用。一是大力发展债券融资。积极推动企业利用企业债、短期融资券、中期票据和公司债等在银行间市场融资，积极通过财政贴息、风险补偿等方式支持中小企业集合发债。鼓励金融机构依托金融市场创新融资产品，支持符合条件的地方法人金融机构发行次级债券、混合资本债券、普通金融债券。积极推动票据业务创新，扩大票据交易规模。二是积极拓展其他融资渠道。鼓励保险资金投资四川交通、能源以及城乡统筹基础设施项目；规范政府融资平台运作管理，有效发挥平台公司融资功能；积极探索引进风险投资、产业投资基金、信托融资等方式，解决中小企业融资难题；支持地方商业银行和符合条件的境内企业借用国际短期商业贷款。三是积极发展产权交易市场。积极争取成都、绵阳高新区园区进入全国股权代办转让系统，扩大试点范围。依托产权交易中心和地方法人证券公司，探索本地非上市股份托管和投资基金场外交易，促进各类产权合理有序流动。加强与期货交易所合作，争取在川设立生猪、菜籽油、钢铁等产品期货交割库。四是稳步发展金融衍生品交易。推动金融机构和企业稳步开展股指期货、利率期货、利率互换、远期结售汇、外汇掉期等金融市场创新业务。鼓励和引导金融机构特别是地方法人金融机构开发设计风险转移和对冲工具，合理配置风险。积极稳妥发展期货市场，引导更多企业和机构投资者利用期货及其他衍生金融工具套期保值、规避风险。支持国内外金融机构研发部门落户四川，提升本地金融衍生品创新能力。五是积极发展投资银行业务。拓展证券公司业务范围，积极开展投融资顾问咨询、并购重组顾问咨询等投资银行业务。六是积极探索离岸金融业务。鼓励外资银行和符合条件的股份制商业银行按照国际通行准则开展离岸金融业务，积极争取在条件成熟时建立金融保税区。

第三，加快保险业务创新。一是强化创新机制。畅通市场信息传导机制。完善以市场需求为导向的保险产品创新体系。探索建立创新激励机制。二是加大创新力度。探索建立管理有效、服务到位、方便快捷、群众满意的保险服务体系。发挥保险的风险保障属性和资产负债管理的核心优势，加快推进产品创新。大力推进渠道创新，合理配置销售渠道资源，巩固个人代理渠道，提升专业中介业务品质，规范发展电话销售、网络销售等新型销售渠道。加强管理创新，不断改进管理理念、完善管理手段、优化管理流程、提升管理技术。三是拓展服务领域。扩大政策性农业保险覆盖区域和试点品种。大力推进健康养老保险发展，积极参与多层次医疗保障体系建设。进一步推广和完善全省商业健康保险服务平台建设，实现社会保险与商业保险融合式发展。积极发展各种与公众利益密切相关的责任保险。积极推动出口信用保险发展。

第四，积极开展金融创新试点。积极争取国家金融创新试点在四川开展，努力将成都建设成为国家在西部地区的金融创新中心。积极争取四川成为国家科技金融合作创新试点省份，争取有条件的市州及高新区成为国家科技金融合作创新试点区。深入推进跨境贸易人民币结算试点。探索建立全省金融创新示范区。设立四川金融创新基金，对全省金融创新开展较好的地区、单位和个人进行支助和奖励。

女士们、先生们，西部大发展的号角已经吹响，四川加快发展的大幕已经拉开，金融创新作为金融不断发展的动力和金融支持经济社会发展的重要抓手，我们将大力推进、不断深入。

我们希望听到您的真知灼见，更希望您加入到我们行列，成为推动这伟大事业的重要一员。

谢谢大家！

圆桌会议：
西部与台港澳金融合作

主持人：上海第一财经频道评论员张晓峰

在西部与台港澳金融合作圆桌会议上的讲话

四川省人大常委会副主任　杨志文

尊敬的各位嘉宾，各位朋友，

女士们、先生们：

　　大家上午好！

　　今天，我们在这里隆重举行第一届中国西部金融论坛——西部与台港澳金融合作圆桌会议，在此，我谨代表四川省人民政府，向出席本次会议的各位嘉宾、各位朋友表示热烈的欢迎！向在座各位，并通过你们向所有帮助支持我们抗震救灾和恢复重建的台港澳及东南亚地区金融界朋友表示衷心的感谢和崇高的敬意！

　　金融是现代经济的核心，金融领域是全球最活跃、最具有影响力、社会关注度和参与度最高的领域。今天，海内外金融领域专家学者和业界精英齐聚一堂，共同探索金融发展的新思路，共同谋划金融合作的新途径，对于化解金融危机消极影响，推动经济发展和社会进步都具有十分重要的意义。

四川是中国西部的人口大省、资源大省、科技大省和经济大省。多年来，省委、省政府一直高度重视金融业的发展，作出了建设西部经济发展高地、建设西部金融中心的战略决策，制定了一系列促进金融业发展的政策措施，推动多市场资本体系建设。截至 2010 年 6 月末，全省共有各类型银行业机构 598 家，从业人员 14.15 万人，金融机构数量位居中西部省（市、区）首位。金融机构本外币存款余额 26590 亿元，各项贷款余额 17967 亿元，在全国省（市、区）排名均列第 7 位。2009 年，上市公司实现融资和再融资 229 亿元，证券交易额 4 万亿元，实现保费收入 579 亿元。金融业的快速发展，有力地推动了四川经济又好又快发展。2009 年，全省共实现生产总值 14151 亿元，经济总量居全国省（市、区）第 9 位，西部第 1 位。在新一轮的西部大开发中，四川金融业的明天会更美好。这次会议为大家创新理论，交流经验，凝聚共识提供了重要载体。我相信，通过我们的共同努力，必将实现彼此的合作共赢，共同发展。

四川地大物博、山川秀美、人杰地灵，自古就有"天府之国"的美誉。今天，震后的四川依然安全，更加美丽。热情好客的四川人民真诚欢迎大家多到四川检查指导、传经送宝、观光考察。

最后，预祝本次会议取得圆满成功，祝各位嘉宾、各位朋友身体健康，万事如意！

谢谢大家！

成都建设西部金融中心概况及思路

成都市人民政府金融工作办公室副主任　梁其洲

尊敬的各位领导、各位嘉宾：

大家好！

成都是中国西部特大中心城市，是国务院明确的西南地区金融中心。经过十多年的发展，成都已成为中西部地区金融机构种类最齐全、数量最多的城市，西部金融中心的地位得到了进一步提升和巩固。在新的发展时期，成都市委、市政府提出把金融业培育成为我市重要的支柱产业，把成都建设成中西部地区金融集聚和辐射功能最强、金融生态环境最优的区域性金融中心的战略目标。

一、成都建设西部金融中心的现状

（一）银行业核心竞争力不断提高

截至 2010 年 9 月底，全市共有银行机构 46 家，其中，内资银行 36 家，外资银行 10 家。截至 2010 年 9 月底，全市金融机构人民币存款余额 14985 亿元，比年初增加 2569 亿元，同比增长 24.9%。贷款余额 11777 亿元，比年初增加

1908 亿元，同比增长 22.9%。

（二）保险业呈现出快速发展的态势

截至 2010 年 9 月底，全市共有保险机构 54 家，其中，内资保险机构 45 家，外资保险机构 9 家。截至 2010 年 9 月底，全市保费总收入 237 亿元，其中，财险收入 68 亿元，寿险收入 169 亿元。

（三）证券期货市场稳定发展

截至 2010 年 9 月底，成都市在境内外上市公司 45 家，其中境内上市 42 家（含创业板 4 家），香港 H 股上市 3 家（含 1 家 A＋H），上市公司数量名列中西部前茅。注册地在成都的证券机构 4 家，期货法人公司 4 家，分公司 5 家，外资证券机构代表处 1 家。

（四）新兴金融业发展迅速

一是大力发展金融服务外包。目前，我市已有独立的第三方金融服务外包企业近 30 家，初步形成集聚发展态势。二是抢抓 PE、VC 向西部发展的机遇，通过银科创投基金、蓉兴创投基金等与境内外著名基金成立 10 余只子基金，有效放大了基金规模，目前在成都的各类基金已达 30 余家。为进一步支持股权投资基金在成都发展，我们正准备成立专门的股权投资基金协会，并出台专门的扶持政策。三是大力发展其他新兴金融服务机构。截至 2010 年 9 月底，我市已有 20 家小额贷款公司获批筹建，其中正式开业 17 家。新增融资性担保公司 11 家，总数达 100 余家。2 家融资租赁公司正式开业，其中成都金控融资租赁有限公司是我省首家合资融资租赁公司。

（五）地方金融加快发展

一是我市地方法人保险公司——锦泰财产保险公司已正式获批筹建，力争年内开业。二是成都银行实现跨区域发展，重庆分行与资阳分行相继开业，成为全国性股份制银行。三是市农信社成功改制为成都农村商业银行，监管评级达到了二级银行标准，资产规模位居全市银行机构第 3 位。四是四川锦程消费金融有限责任公司于今年 3 月正式挂牌成立，是国内首家合资消费金融公司。

（六）金融创新深入推进

一是探索开展农村产权抵押融资工作，截至目前，全市金融机构合计发放农村集体建设用地使用权、农村房屋和林权抵押融资 513 笔，融资金额 9.7 亿元。其中开展农村房屋抵押融资 454 笔，融资金额 6881 万元；农村集体建设用地使用权抵押融资 2 笔，融资金额 8.07 亿元；林权（含花木）抵押贷款 57 笔，贷款金额 9164 万元。二是成功获批跨境贸易人民币结算试点，并开办首笔跨境贸易人民币结算业务，也是我国对欧洲国家开出的首笔人民币进口信用证。三是积极开展移动电子商务支付模式创新，目前，中国银联和卫士通及中联信通开发的银联手机支付业务及 Mo 宝移动电子商务业务在我市正式开通。

二、成都建设西部金融中心的目标

到 2012 年，全市金融业增加值占服务业增加值的比重达到 16%、占地区生产总值的比重达到 8%；全市金融机构数量达到 200 家、金融从业人员达到 20 万人，金融机构进一步集聚，金融市场、金融服务进一步完善，金融发展环境进一步优化，金融国际化程度进一步提高，金融辐射能力进一步增强，金融业成为成都重要的支柱产业，成都成为西部金融机构集聚中心、金融创新和市场交易中心、金融服务中心。在此基础上，按照建设"世界现代田园城市"的历史定位和长远目标，进一步加快金融业改革开放，力争再用 5—10 年，把成都建设成为具有国际辐射力和带动作用的区域金融中心。

（一）构建西部金融机构集聚中心

创造良好的发展环境，吸引境内外知名金融机构在成都设立区域性总部或法人机构，到 2012 年，新培育和引进境内外银行、保险公司、证券公司、信托公司、期货公司、基金公司等各类金融机构 50 家以上，新增境内外知名的金融业配套中介服务机构 20 家以上，金融业集群发展态势初步形成。

（二）构建西部金融创新和市场交易中心

争取使成都成为西部地区金融组织、金融产品、金融交易、金融服务和金融管理创新的试验区；重点把成都打造成西部地区票据市场中心、银团贷款中心、产权交易中心、金融创新中心、金融中介服务中心和居民理财中心；在成都开展国际贸易人民币结算试点；通过申请全国股份报价转让试点，促进地方企业产权和未上市股份公司的股权有序流动；探索建立成都黄金交易中心、上海期货交易所钢铁交割库和成都大宗商品交易所。

（三）构建西部金融服务中心

全力引进境内外金融机构的各类数据中心、资金清算中心、银行卡中心、研发中心、呼叫中心、数据灾备中心等后台服务机构；大力拓展金融外包服务产业链，引进和培育服务现代金融业的相关企业，把成都建成全国一流的金融服务中

心城市。到 2012 年，金融后台服务及外包服务机构达到 30 家，总投资规模超过 200 亿元。

三、成都建设西部金融中心的重点

（一）加快金融总部商务区建设

为加快西部金融中心建设，市委市政府规划了金融总部商务区，成立了由分管市长为组长的金融总部商务区建设领导小组，专门组建了成都金融城公司作为金融总部商务区的开发建设运营主体和投资、融资建设管理平台，并邀请国际知名专业机构，按照高标准、国际化的要求为金融总部商务区进行功能定位和业态发展战略研究，举全市之力将金融总部商务区打造成西部第一、全国一流的金融功能区。

（二）巩固壮大传统金融业

传统金融业是成都金融业的重要基础，也是建设西部金融中心的重要支撑。将继续做大做强银行、证券、保险业，建成由内外金融机构以及各类金融后台服务机构构成的种类齐全、结构合理、竞争有序、运行高效的现代金融业。

（三）大力发展新兴金融业

在现有金融监管体制下，大力发展新兴金融业是推动地方金融业快速发展的有效途径。一是成立股权投资基金协会，出台扶持政策，引进境内外私募股权投资基金（PE）和创业（风险）投资基金（VC）在成都设立分支机构并开展业务，努力将成都建成西部股权投资基金基地；二是大力发展新型小额金融服务机构。充分发挥成都作为全国统筹城乡综合配套改革试验区的政策优势，积极发展村镇银行、贷款公司、农村资金互助社以及小额贷款公司等新型小额金融服务机构；三是培育一批资本实力雄厚的融资性担保机构，担保能力进一步提高。四是支持大型企业集团在成都设立财务公司，增强优势产业的融资能力；五是大力发展融资租赁业务和消费金融公司。

（四）建立健全金融市场体系

金融市场是金融中心建设的核心，也是扩大金融中心辐射能力的重要载体。一是探索建立信贷资产转让、信托资产转让等市场；鼓励银行机构开展汇兑、承兑、信用证、短期融资券等各类服务，积极发展支付结算、担保、基金托管、私人银行、财富管理等中间业务。二是培育壮大后备上市资源，支持符合条件的企业到主板、中小板、创业板市场和境外资本市场上市融资；鼓励上市公司通过配股、增发、发行公司债、可转换债等方式进行再融资；加强与期货交易所合作，积极争取在成都设立期货交易所重要交易品种交割库；继续完善产权交易功能，积极推进各类产权、股权与资产的规范转让和合理流转；组建成都大宗商品交易所。三是大力发展各类人身和财产保险业务，确保保险业务增长速度高于全市经济增长速度，户籍人口保险密度和保险深度位居中西部地区前列；鼓励和引导保险资金投资成都交通、能源以及城乡统筹基础设施项目，扩大保险资金在成都的运用范围。

（五）加快发展金融配套产业

金融配套产业是金融业的重要组成部分，也是金融中心建设的内在要求。一是大力发展金融外包服务和后台服务业，把成都建成全国一流的金融服务中心城市。二是积极争取国际知名的会计、审计、法律服务、信用评级、资产评估、投资咨询等与金融相关的中介服务机构在成都设立法人机构、区域总部或分支机构，把成都建成西部第一、全国一流的金融中介服务中心。三是加快金融支付清算体系建设。有效整合银行卡发卡和受理资源，发展符合金融标准联网通用的"城市一卡通"；鼓励商业银行开展面向中小企业的网上评级、网上授信、网上贷款和网上支付业务；支持金融机构同成熟的第三方支付平台或第三方安全认证服务平台合作，大力推进电子商务发展。四是加快发展金融教育产业。依托成都丰富的高等教育资源，建立和完善成都金融人才培养机制，引导国际知名的金融培训、资格认证机构在成都开展高端金融人才教育培训、在线资格考试与认证等业务，把成都建成全国一流的金融人才教育基地。

（六）加快完善政策引导机制

建立完善的政策引导机制是建设西部金融中心的重要支撑。一是要在用好、用活、用足国家金融政策的基础上，积极争取国家相关部门赋予成都金融改革和金融创新试点权，允许成都在金融准入、机构设置、市场建设、产品创新等方面率先进行改革试点，在全国统筹城乡综合配套改革试验区建设中发挥好示范和带动作用。二是加大政策扶持力度，借鉴境内外城市促进金融业发展的经验和做法，进一步完善金融产业招商、信贷投放、金融创新、股权投资、金融总部建设等政策措施，做大成都金融业的规模和实力。三是扩大金融业对外开放，鼓励驻蓉金融机构与境外金融机构战略合作，注重引进先进的金融理念和金融技术，探索成都经济区金融同城化的具体路径，加强与上海、香港等重要金融中心城市的交流，探索建立金融业错位发展的新的合作机制。

谢谢大家。

在第一届中国西部金融论坛
圆桌会议上的发言

澳门贸易投资促进局执行委员　陈敬红

尊敬的各位政府部门领导，
商协会领导、各位嘉宾：

大家好！

首先，谨代表澳门贸易投资促进局对第一届中国西部金融论坛圆桌会议的举行表示热烈的祝贺！

澳门奉行简单低税制度，其中企业和个人的所得税最高税率仅为12％，是区内税率最低的地方；同时，享有资金自由进出、没有外汇管制、自由港政策等多项独特的营商优势，是拓展业务的理想城市。

近年来，澳门经济稳步发展。2000年至2008年间，澳门本地生产总值（GDP）年均增长率约为14％。今年，本澳经济依然保持良好势头。上半年GDP实质增长40.2％，旅客人次和对外商品贸易额分别增长17.9％和15.7％。此外，在本澳举行的会议展览活动亦较去年同期上升11％，至809项。

加强对外经济合作，是澳门的一项基本发展策略。CEPA 自 2004 年全面实施以来，有效整合了内地与澳门的优势，深化了两地的经贸合作。至今，内地与澳门在 43 个服务贸易领域和 10 个贸易投资便利化领域开展合作，为澳门经济的增长（包括金融服务业的发展），提供了更广阔的市场空间和商机。

近年来，澳门致力构建好商贸服务平台，为海内外投资者提供优质、高效的商贸服务平台服务，拓展商机。透过发挥经贸平台优势，澳门一方面协助内地企业把业务网络有序地延伸到欧盟及南美、非洲葡语国家等海外市场，另一方面，把优质的服务引入内地市场，借此深化中国与葡语系国家等海外地区的投资合作。

与此同时，澳门积极推进经济适度多元化发展，随着各项大型旅游娱乐、综合度假、会议展览设施以及基础建设项目的落成及投入使用，带动了酒店、会展、零售、餐饮等多个相关行业得以加快发展，亦为文化创意产业、环保产业等其他新兴产业的发展提供了新的机遇。

当中，澳门特区政府积极推动会议展览业的发展。随着大型会展、旅游设施相继启用，本澳会展场地面积已增加到 14 万平方米以上，国际级的会展企业和展览会亦陆续进入澳门市场，并在本地举办多个大型会展活动。此外，特区政府还致力培育文化产业成为新的经济增长点。依托丰富的中葡文化资源，相信文化产业也将是推进澳门经济适度多元的一个新途径，并与会展、旅游行业产生协同效应。

各位嘉宾、朋友，去年初颁布的《珠江三角洲地区改革发展规划纲要》，把澳门定位为"世界旅游休闲中心"，为澳门经济适度多元发展指明了方向。去年6月，国务院通过了《横琴总体发展规划》，为深化粤澳经贸及旅游方面的合作提供有利的条件。基于"世界旅游休闲中心"的发展定位，澳门酒店、零售、会展、物流等具备发展潜力的服务行业，将是澳门与中国西部地区深化合作的主要服务领域。

事实上，粤澳双方基于科学发展、先行先试、互惠互利的原则，以珠海横琴开发为切入点，联手开展多项合作，包括澳门大学横琴新校区的建设，中医药科技产业园的发展等。其中，特区政府在今年7月已经设立了"中医药科技产业园筹备办公室"，主要是在粤澳双方合作范畴下，促进横琴中医药科技产业园的设立，透过发挥园区产业聚集功能，打造绿色道地中药和名优健康精品的国际中医药交易平台。

展望未来，澳门服务行业将受惠于区域合作所持续带来的机遇，尤其是港珠

澳大桥兴建、珠澳跨境基建的对接、珠澳横琴开发等区域合作商机。当中，澳门大学横琴新校区、粤澳中医药科技产业园等项目，将为澳门与中国西部地区的经贸合作与发展，提供更加充实的条件和空间。

最后，希望出席今天活动的各位来宾和代表广结友谊、共拓商机！

金融合作领域及项目推介

成都投资控股集团总经理　邓明湘

尊敬的各位领导、各位嘉宾，女士们、先生们：

大家上午好！

很高兴在这里把成都投控集团的情况与大家做一个分享。成都投资控股集团有限公司是成都市委、市政府为了优化成都市金融资源配置，整合地方金融行业资产，提升成都市金融企业竞争力，加快推进成都西部金融中心和统筹城乡试验区建设而设立的大型投资控股集团公司。我们有三大定位，一是投资地方金融产业，二是利用创新金融产品开展融资，三是管理成都市国有地方经营性资产。我们的主要任务就是推动地方金融产业发展。自2008年成立以来，在两年的时间内，我们先后投资了50多亿的资金，投资领域涉及银行、证券、保险、担保、创投、风投、小额贷款、融资租赁、金融服务、产权市场、产业投资基金、金融地产、政府经营性资产和金融资产管理等，投资的企业和项目达20多个。在传统金融方面，我们是成都银行和成都农商银行的第一大股东。这两大银行都是成都市的地方性商业银行，规模均在一千亿元以上，并且这两家银行现在发展的势头都很好；保险方面，我们发起设立了锦泰财产保险股份公司，这是四川省内第一家地方法人公司，今后也是一家全国性的保险公司；证券方面，我们是万和证券的第二大股东；产业投资基金方面，我们在积极筹建西部旅游发展基金、西部金融发展基金、成都统筹城乡发展基金等三个产业基金；创投和风投方面，我们投资有成都蓉兴创业投资有限公司、成都银科创业投资公司等。除此之外，在其他方面，我

们还投资有成都鼎立资产经营管理公司、成都金控担保公司、成都金控置业公司、成都金控融资租赁公司、成都金控小额贷款公司、成都金控服务公司、成都金融城发展公司、西南联合产权交易所等。

我们集团下一步希望和境内外的投资者，特别是港澳台的投资者，在以下这些领域和项目方面建立合作关系。

一是产业投资基金。我特别向大家推介我们集团设立的西部旅游发展基金。四川乃至西部旅游资源非常丰富，我们希望通过建立西部旅游产业发展基金来加快我们四川和整个西部旅游产业的发展，初步考虑首期基金募集规模为 50 亿元，现在已有境内外的多家投资者，对我们这个基金表示出了浓厚的兴趣，我们也希望在座各位中有意向的和我们共同探讨基金合作的方式，如认购基金的份额。我们前期储备了大量的项目，如果大家有兴趣，在项目方面也可以进行合作。

二是融资租赁。集团投资设立的成都金控融资租赁公司成立于 2010 年 7 月，注册资本 2 亿元，是成都市首家由市级国资发起设立的中外合资融资租赁企业，也是目前省内规模最大的融资租赁公司。我们希望能与更多的投资者在公司股权和融资租赁业务方面开展合作。

三是融资担保。集团投资设立的成都金控信用担保公司成立于 2009 年 3 月，注册资本 5 亿元，是成都市规模较大的担保公司。截至 2010 年 9 月，公司累计担保额达 25 亿元，无代偿发生，发展势头很好，目前已在西昌、乐山两地设有分支机构，下一步我们准备在重庆设立分支机构。如果大家在公司股权资本、企业担保业务方面有兴趣开展合作，欢迎前来洽谈。

四是小额贷款。集团发起设立的成都金控小额贷款公司成立于 2010 年 9 月，注册资本 3 亿元，是成都市迄今规模最大的小额贷款公司之一，也是成都目前唯一全部由法人企业出资组建的小额贷款公司。如果有港澳台的投资者感兴趣，我们也希望和大家在公司股权资本和业务方面建立合作关系。

五是金融服务。为了致力于打造成都金融后台服务中心，我们投资成立了成都金控金融服务公司，主要为我们的金融机构提供第三方服务。我们希望能够和港澳台以及其他的投资者开展全方位合作。

我们今天向大家重点推介以上五个方面的合作领域和项目，其他方面我们也真诚地希望和境内外的投资者，特别是港澳台的投资者，建立全面深入的合作关系。如果大家有兴趣，欢迎大家到我们成都投控集团参观考察，就有关领域或项目进行交流合作。

谢谢大家！

成都市金融总部商务区

成都市金融城副总经理　曾　强

尊敬的各位领导、各位嘉宾：

大家上午好！

这是我们公司第一次在比较公开的场合介绍成都市金融商务区的基本情况。

首先，成都市金融总部商务区的建设是有基础的，也是必然的！成都作为我国西部大开发的桥头堡和引领西部经济发展的重要增长极，在西部大开发战略中地位显赫，发展水平足以支撑西部金融中心的地位。同时，东部产业转移使总部经济逐渐向成都集聚，产生了建设金融总部商务区的客观需要。在成都打造"世界现代田园城市"，建设西部金融中心的宏伟目标指引下，我们规划建设成都市金融总部商务区，打造一个生态、活力的现代金融城。

按照成都市建设世界现代田园城市的发展战略，成都市金融总部商务区即"金融城"作为全市 13 个市级战略功能区之一，是未来四川省乃至我国西部地区金融业发展和金融机构聚集的核心承载区。区域规划总面积约为 5 平方公里，位

于成都市科技商务中轴天府大道两侧，北起繁雄大道石胜路，南至孵化园北干道外环路 500 米绿带边线，西连益州大道，东临成仁路，横跨锦江，同处成都市高新区、锦江区两个行政区划。

成都市金融总部商务区分三期开发建设。作为核心发展区的一期项目"天府国际金融中心"已投入使用，区域具备完善的商务环境和顶级商务配套及国际化物业顾问服务。目前，中国银行业监督管理委员会四川监管局、中国保险监督管理委员会四川监管局等金融监管及服务机构，民生银行、安邦保险、中国人寿等大型金融企业及成都市土地矿权交易中心、成都农村产权交易所、北交所西南中心等要素交易市场都已入驻天府国际金融中心。二期将紧密围绕天府国际金融中心进行开发建设，主要入驻国内知名机构区域性总部，先后引进了成都银行、中林所北京交易中心、中国华电、中国网通、西南设计院、省电力公司等六家区域总部机构。三期项目也已进入紧锣密鼓的筹建之中，占地面积约 3.67 平方公里，为未来金融总部商务区开发建设的重点，除集聚地区性金融总部机构外，还将集中开发办公、酒店、商业、住宅等综合配套。

我们的开发理念是通过一二三期的开发建设，把金融总部商务区打造成为充分体现"人文关怀、低碳生态、高能高效"等现代化城市新概念的中央商务区。"人文关怀"主要是指人性化的空间载体与个性化的人文内涵相融合。追求细致与优雅的空间尺度，建立完备的公共活动功能体系，舒适宜人，与成都这座城市的内涵相吻合，通过成都历史人文积淀与创新生活理念的有机结合，充分体现本地文化的开放性与创造性。"低碳生态"是指全方位、全过程的低碳生态建设理念。成都市金融总部商务区本身拥有良好的自然生态环境，在开发建设各方面将全面体现和贯彻低碳与生态的理念，保留成都与其他城市之间的差异化竞争优势。根据成都某国际研究机构的研究，成都市的碳排放指标，只有 3 点几，而北京、上海的碳排放指标已在 10 左右，这就是我们比较有竞争优势的地方，我们会在这个区域生态规划和城市设计以及每一个单体生态设计方面，充分体现生态低碳的理念。"高能高效"理念作为城市发展的基本要求，要产生足够的经济效应，实现区域提升，并对这个区域的发展产生强烈的推动。成都市金融总部商务区，将按照国际水准规划，建设成为集行政办公、金融商务、科技研发、教育文化、高尚居住等功能为一体的城市新中心。在交通方面，成都市金融总部商务区将构建多样化、立体化、综合化、人性化的交通网络，大力发展包括地铁、快速公交 BRT、常规公交、有轨电车等现代化公共交通，形成全方位、多层次的立体化综合交通网络，处理好区域对外交通和内部交通的联系，做到相互之间的无缝衔接，全面实现快速、便捷、安全、舒适和经济的要求。成都市金融总部区将通过对区域地上、地下空间的综合立体开发实现城市的综合升级。通过对基础设施、信息系统、交通系统、能源系统等进行统一的配制，来创建节能环保和智能化城市。成都市金融总部商务区，将按照成都市的总体规划，配以成都市最优质的资源，充分利用成都的特性，打造集金融区、办公区、住宅区和城市公园为一体的多功能城市综合体，营造出自然协调的崭新金融中心，引领城市未来的发展，成为成都向世界现代田园城市迈进过程中最响亮的城市新名片。

成都市金融总部商务区的开发，将通过 2010 年到 2014 年天府国际金融中心加建项目的建设，带动锦江西侧，形成一个整体形象。2013 年到 2020 年，主要开发锦江西侧的商务用地、东侧的地铁街区，随着地铁六号线的开通，重点整合交通层面的建设，并以人文娱乐为主。成都市金融总部商务区将按成都市的总体规划，有计划、有步骤地进行开发建设。全面建成后的"金融城"，将是一派白天商贾涌动、夜晚流光溢彩的 24 小时繁华景象。

按照发展定位，成都市金融总部商务区采取"政府引导＋市场推动"开发模式，实行"领导小组＋办公室＋金融城公司"三位一体的管理体制。市金融办负责领导小组重大决策事项的督促落实与协调，金融城公司发挥开发建设运营主体和投融建管平台作用，高新区、锦江区参与金融总部商务区建设的重大决策和协调推进，各市级部门大力支持、积极配合，形成推动金融总部商务区建设发展合力。金融城公司的主要职能是以市场化运作模式，一方面充分贯彻执行政府政策，以前瞻性的眼光做好区域规划及产业发展规划，另一方面严格遵循市场化原则，承担土地开发，物业经营，配套建设职能，协同市级投资服务功能，做好招商引资工作、品牌宣传及物业营销工作，提升整个功能区形象。为加快成都市金融总部商务区的建设，政府实施了一系列优惠扶持政策，包括购房优惠、租房补贴、引进人才、高管退税等等。所以，通过软硬配件的打造，成都市金融总部商务区一定会成为一个热点。

作为成都市金融总部商务区的建设者，我们肩负着特殊的历史使命，建设国际水平的中央商务区，打造中国西部中心，创造城市区域价值的标杆。我们始终秉承"追求卓越、合作共赢"的核心理念，热诚欢迎全球合作伙伴投资进驻。

海峡两岸如何开展金融合作与交流

台湾地区华南金控董事长兼中华金融协会理事长　王荣周

尊敬的成都市领导，

各位金融业的同仁及各位女士、先生：

大家上午好！

今天，我非常荣幸地受邀参加第一届中国西部金融论坛，并针对"海峡两岸如何开展金融合作与交流"的议题进行简短的报告，希望可以借由我抛砖引玉的过程，使在座的各位共同凝聚并营造两岸金融交流更好的合作契机，并加速两岸金融合作。

针对"海峡两岸如何开展金融合作与交流"的议题，我简要地将它归纳十六个字，区分为四大面向，依序为"增进了解"、"去异求同"、"先试先行"、"互惠互利"，因为唯有透过两岸进一步了解，才可以消弭双方的分歧和异见，凝聚彼此的共识，并借由先试先行的政策支持，达到金融互惠互利的目标。接下来，我会就这四大面向逐一向各位进行简要地报告。

在"增进了解"部分，两岸可以借由产、官、学三方面分别展开。在产的方面，透过金融机构（银行、证券、保险）互访、金融专业人才互派常驻交流及举办金融商品及业务的研讨，来达到相互了解。在官的方面，可以畅通双方监理及法规的沟通管道，强化两岸社团机构的联系功能，来扩大交流的层面。在学的方面，可以透过举办两岸金融学术研讨会、增进两岸金融学者的互访交流及强化两岸金融系所的学生交换机制，来深化两岸金融的交流。在产、官、学三者交互影响下，必定会在增进两岸金融了解方面，产生相当大的助益。

在"去异求同"部分，两岸金融进一步地了解后，就会消弭双方的分歧和异见，并凝聚彼此的共识。在去异的方面，双方要摒除两岸金融机构间恶意竞争（如：敌意并购、价格竞争及客户和人才挖角）；在求同部分，为了两岸资金需求，可共同建立两岸融资机制，为了两岸资本市场繁荣，可共同整合两岸资本市场平台，为了两岸金融发展，可共同促进两岸金融繁荣。借由"去异求同"的过程，必可为两岸金融营造出良好合作氛围。

在"先试先行"部分，这是因为两岸具有同文同种及相同的文化，为了消弭两岸金融过去限制藩篱所造成的隔阂，及缩小与外资金融机构的竞争差异，两岸可在现有的制度框架内，在特定地区通过制度的创新，透过先试先行的方式，有效促进金融业者的布局，并加快两岸金融业者合作的脚步。所以"先试先行"就如催化剂般，善加利用必可加速两岸的金融合作。

在"互惠互利"部分，目前大陆的金融优势是庞大的市场规模、快速的经济成长、深厚的发展潜力及强大的国际影响，而台湾地区的金融优势则为丰富的发展经验、灵活的应变能力、细腻的服务品质及创新的产品开发，双方的优势互为互补。如大陆与台湾地区透过彼此优势互补，互相投资合作，必将会撼动整个金融板块，进而取代外资银行在亚洲的优势，并开创出新的华人金融版图。

最后，我就"海峡两岸如何开展金融合作与交流"的议题，提出三项未来两岸金融合作的方向，作为我抛砖引玉的结论：

一、扩大两岸外汇业务合作。

二、提升两岸中小企业融资服务。

三、强化两岸金融人员交流与训练。

谢谢在座各位，敬请指教。

（根据发言录音整理。）

如何加强成都与香港在企业融资方面的交流与合作

香港证券及期货事务监察委员会委员及执行董事 何贤通

各位嘉宾，

女士们、先生们：

大家好！我非常高兴可以出席这次论坛。现在希望与各位分享一下我对加强成都与香港在企业融资方面交流与合作的一些看法。

众所周知，香港是内地企业的首选境外集资中心。截至今年 9 月底，香港有 1365 家上市公司，其中发行 H 股的有 158 家，红筹股 97 家，还有 301 家非 H 股的内地民营企业。这些企业在香港市场上的市值，已经占香港市场总市值的 57%，成交金额更是占了 7 成。在此，我衷心感谢中央政府的支持和内地企业的参与，使香港市场壮大繁荣。

中国香港作为国际金融中心，拥有独立的法律制度、国际水平的市场监管及透明度、资金与人才的自由流动、国际机构投资者的参与、简单的税制及较低的税率等。在香港上市融资可以帮助内地企业筹集资金，扩充业务，开拓海外市场，增强国际品牌的地位。现在香港已能吸引多个海外国家的企业来港上市，包括俄罗斯、英国、德国、日本、加拿大、澳大利亚及卢森堡。

自 1999 年国家提出西部大开发的重大战略决策以来，西部地区的经济得到高速发展，西部企业产生强大的资金需求，而这些资金需求是可以通过上市融资的方式，或可以通过发行公司债券等方式得到满足的。

四川成渝高速公路在香港上市就是一个很好的例证。在 1997 年，这家公司就成功改制为股份企业，在香港筹集 15 个亿元人民币，成为当时中国西部少有

的基建类的 H 股公司。

据我们了解，目前在香港上市的四川企业除了成渝高速公路外，还包括重庆钢铁、成都普天电缆、中华数据广播和重庆长安民生物流。我们认为四川企业还有很大的发展空间在香港上市。香港市场上不断报道有四川背景的企业准备来香港上市，有兴趣来港上市的企业包括基建、科技、交通、通讯、木材及矿业。

接下来，我想谈谈香港与成都在另一种融资方式上进行合作的可能。

大家可能知道，从 2007 年开始，除了利用股票市场融资以外，内地金融机关还可以来香港发行人民币债券，筹集人民币资金。在中央政府的大力支持下，这几年，香港在企业发行人民币债券方面取得了高速的发展。最近中央政府也宣布发展香港成为人民币离岸中心。

上星期，香港特首的《施政报告》中也指出，加强香港与内地的金融合作，对香港金融业的进一步发展极为重要。他特别提出要争取更多内地及国外企业在香港发行人民币债券。国家开发银行和进出口银行也在近期推出人民币债券，发行规模都在 50 亿人民币左右。除了金融企业，从今年 6 月份开始，已经有香港本土的企业合和公路基建和国际餐饮巨头麦当劳，先后在港发行人民币债券。

进一步发展香港人民币债券业务及成为离岸中心，对于国家和香港来说都具有重要的战略意义。国家在香港发展人民币债券市场，为在内地以外用人民币计价的金融产品提供重要的参考经验。这体现了国家稳步推进人民币的金融发展方向，也加强了香港国际金融中心的地位，突出了香港作为国家金融改革试验场地的角色。

香港证监会与香港交易所在内地企业的上市及发债方面的监管工作，一定全力配合。

最后，我祝愿今天的论坛圆满成功，希望成都和香港在金融领域上以后有更多的合作。

谢谢大家。

抓住新机遇，深化西部与香港金融合作

东亚银行执行董事兼行长　关达昌

尊敬的各位领导，

尊敬的各位嘉宾：

大家好！

今天，我非常荣幸地受邀参加第一届中国西部金融论坛，并与各位嘉宾分享关于深化西部地区与香港金融合作的观点。在此，我谨代表东亚银行（中国）有限公司全体同仁，向中国人民银行、中国银监会、中国证监会、中国保监会、四川省人民政府等部门，表示衷心的感谢，并预祝本届论坛取得圆满成功！

西部大开发战略至今已实施10周年，今年7月，党中央、国务院又召开西部大开发工作会议，新一轮西部大开发拉开了序幕。此时此地举行这个论坛，更具有特别的意义。

回顾过往，西部地区与香港的金融合作已经卓有成效。2003年CEPA实行以来，香港金融业积极在西部设立网点，开展各项业务，而西部的诸多优秀企业也通过香港而融入全球市场。伴随新一轮西部大开发的推进，西部的产业优势将不断提升，而香港金融业与其展开合作的空间更为广阔。

因此，现在正是深化双方合作的大好时机。展望未来，西部经济将实现三个重大升级，这也是深化双方合作的机遇所在。

一是投资升级。农业工业化、城镇化、基建提速等因素将大幅提升西部的投资能级，为金融服务打开巨大的市场空间。香港金融业能够提供全方位的金融服务，满足投资各方的需求。

二是产业升级。在继续发展特色优势产业的同时，西部还将承接东部大量的产业转移。香港金融业可以利用先进的金融手段，帮助推动西部产业快速升级。

三是消费升级。随着收入稳步提高，西部居民的消费也将持续升级，并提升对金融服务的需求。而提供优质的消费金融服务正是香港金融业的强项。

为了确保合作取得丰硕的成果，我认为需要关注四个方面。

一要坚持高起点的合作。应当努力探索金融支持低碳、循环发展的路径，发展绿色经济、循环经济。

二要加强合作的基础。西部地区可以加强债权保护，营造公平的竞争环境。香港金融业需要加强对重化工和农业等领域的服务能力。

三要注重风险管理的合作。西部地区可以借鉴香港金融业先进的经验和方法，建立适应本地区的风险管理模式。

四要加强在区域金融市场建设方面的合作。

最后，我谈一下东亚银行可以发挥的作用。

东亚银行是香港最大的独立本地银行，1920 年在上海设立第一间内地分行，自此内地业务从未间断。

在西部大开发的前 10 年，东亚中国设立了西安、重庆、成都、乌鲁木齐等4 家西部分行，在西安、乌鲁木齐都是当地首家设立分行的外资银行。本行高度关注中小企业和民营企业的发展，对农产品、医药等企业给予重点支持。目前，本行在西部的信贷投放量居外资银行榜首。另外，本行的陕西富平东亚村镇银行预计年内可正式营业，届时将帮助解决"三农"融资难等问题。

在新一轮西部大开发中，东亚银行将不断提高参与度，与西部地区共创宏图伟业。东亚银行除了提供更加优质、全面的金融服务外，还将广邀我们的客户参与西部大开发，并帮助西部企业进入全球市场。

各位嘉宾，西部地区正在从新的历史高度出发。香港金融业需要把握这难得的历史机遇，深化与西部地区的金融合作。正如"晓看红湿处，花重锦官城"所言，我相信，成都乃至整个西部地区的未来必将更加美好！

谢谢大家！

海峡两岸如何开展金融合作与交流

台湾合作金库商业银行董事长 刘灯城

各位领导、各位女士、各位先生：

大家好！很荣幸参加这个论坛。

我向各位介绍的内容分为四个部分，一个是两岸近来的现状。包括三个方面，第一，人流方面，台湾地区和大陆在 1987 年 11 月开放赴大陆探亲。到 2001 年 1 月，我们试办"小三通"，经过金门到大陆。2008 年的 6 月，全面开放"小三通"。1988 年到 2009 年，台湾地区人民前往大陆达 500 多万人次，大陆人民到台湾地区有 323 万人次。今年有将近 120 万大陆同胞到台湾地区。台湾地区到大陆的人口目前的水准在百万人以上。两岸的交流非常密切。第二，物流方面，台湾地区对大陆的贸易程度目前超过四成，这当然为最大的顺差来源。台湾地区出口到大陆 2008 年的幅度很大。第三，金流方面，台商对外投资，是大陆投资，等于说台商跟大陆的经贸往来。尤其从金融方面看会更清楚，去年大陆跟台湾地区签了协议，和台湾地区关系更密切。今年也签了 MOU，达成策略联盟。台湾地区的金融也可以到大陆来设行，这是 MOU 产生的效应。

从以上三方面来看，台湾地区和大陆的关系密切。如何共创合作的商机？第一个我们可以签订金融双方面 MOU，达到策略的联盟，包括通汇、资金拆借、国际联贷、互设清算账户、教育训练。也就是关于两岸金融业的交流，共创商机。台湾地区金融业具有比较成熟的市场发展经验与优良的人力素质，而大陆的幅员广大，各地开发程度不一，因此，如果结合台湾地区的经验与大陆的市场，透过分析互设、人员往来、技术交流，可以提高竞争力。特别提及供大家参考的经验：一是中小企业授信业务，二是个人金融业务。大陆人民对消费金融和财富管理之需求日益提高，台湾地区的个人金融业务经营已经成熟。三是台湾地区基层金融发展经验。其实就是相关的两岸金融机构的信息交流和风险控管。风险控管是银行相当重要的核心业务，两岸银行经由信息、经验交流，缩短双方在各项法规、作业、风俗习惯等方面的落差，两岸联合征信制度，中小企业融资、信用保证及基层金融等方面发展经验的交流也有助于提升风险控管，都是可以交流的重点。

因为机会难得，我大体上把合作金库作一个介绍。第一点，存、放款余额台湾地区排名第二。在全国的合作资产全球排名第 158 名。第二点，台湾地区金融业联贷市场名列前茅。整个来讲是很有竞争力的。因为中小企业方面，大陆未来可能是一个发展的重点，对中小企业放宽金额最多、占有率最高。我刚才提到两岸的 MOU 签订，台湾地区的银行可以到大陆来设分行。那么目前的合作，跟两岸的主管机关已经申请了，我们设在江苏省的苏州。第二家分行，我这次来到成都，其实也有这样一个探讨，大陆的主管机关，有一个绿色通道，也就是说台湾地区的银行，只要到大陆的话，通过这个绿色通道，有相关的条件和空间，就比较有弹性，这个绿色通道包括成都、重庆、郑州等中西部的几个城市，昨天市长特别提到，成都在大陆发展最快的十大城市的最前面，我想这个相关的各种条件，其实都是满足台湾地区的金融到这边来做考量的。

最后用两首诗做结语，第一首是李白的。"朝辞白帝彩云间，千里江陵一日还。两岸猿声啼不住，轻舟已过万重山。"还有就是王之涣的。"白日依山尽，黄河入海流。欲穷千里目，更上一层楼。"这表现了共创双赢，可以代表两岸关系未来的一个发展。所以我刚才到这里也提到，两岸的语言、文化相通，希望两岸合作，我想两岸一定可以共创新的商机，提升彼此的竞争能力。

今天我的报告介绍就到这里。

谢谢主办单位的邀请。很难得来成都，我是第一次来成都，我觉得这边进步蛮大的。

谢谢各位。

（根据录音整理，未经本人审阅）

在西部与台港澳金融合作
圆桌会议上的发言

香港亚洲联合财务有限公司董事总经理兼行政总裁　长原彰弘

各位来宾：

大家上午好！

非常感谢西部金融论坛的组委会给我这个机会来参加这个盛会，来到这里和大家分享和交流意见。

如果是在四五年前，我向大家介绍我们亚洲联合财务的业务是向小企业、微小企业和广大市民提供无抵押无担保的信用贷款，一定会有很多人觉得不可思议。就在银监会和人民银行发布《关于小额贷款公司试点的指导意见》以来这短短三年时间之中，小额贷款这个行业已经在中国内地朝气蓬勃地成长起来。

香港的个人小额贷款是我从日本带过去的，中国内地的小额贷款行业建设，我们也是头一个参与其中的外资公司。我们 UA 亚洲联合财务，在香港成立二十年，开了 43 间分行，而我们进入大陆市场短短三年，已经在深圳、沈阳、重庆和天津四个地方开设了小额贷款公司，光是深圳就已经开了 26 间网点。正在筹建中的大连和云南公司将在今年底开业。我们的成都亚联财小额贷款有限公司也将在一周之后的 11 月 1 日正式开业。届时欢迎各位光临我们的开业典礼。

到今年底，我们 UA 在国内 7 个省市地区开设的小额贷款公司当中就有 3 间是在西部，覆盖了西部 12 个省市地区中的 3 个省市地区。我们对西部地区的发展前景满怀信心。中国的西部地区幅员辽阔，人杰地灵，资源丰富，虽然跟东部发达地方相比在经济总量、基础设施建设、中小企业发展和人均收入一些方面有一定的差距，但随着国家加大投资、刺激消费、拉动内需以及发展经济的宏观调

控方针，和一系列支持西部大开发的政策出台，西部地区迎来了新的一轮发展机遇。

面对这些机遇，我们 UA 不仅希望能把自己多年的海内外市场开发经验和管理经验带到成都，带到西部来，还积极邀请我们的海外同行也一起参与进来。我向他们介绍，国内 UA 各公司优秀的贷款业绩，有力地反映出国内个人贷款市场巨大的发展空间。反过来，我们小额贷款公司的成长壮大也是为西部地区、为国家的经济建设添砖加瓦。

我们 UA 的小额贷款公司的服务宗旨是帮助小企业、微小企业解决融资困难，帮助百姓解决消费资金困难。这几年国内居民的消费观念在逐渐改变，相较以往传统的房贷车贷，越来越多的城市居民愿意申请贷款来用作日常消费，装修、旅游、婚庆、购买家电等等。这是国家经济增长、国民收入增加的表现。而消费水平的提高也是国家经济增长的前提，刺激消费拉动内需是国家的经济方针。我们 UA 的业务其中之一就是为居民消费提供便利的资金支持，鼓励他们消费。

我们也贷款给小企业、微小企业的企业主、个体商人。他们在大的商业银行贷款受局限，或者申请周期长不能应急，或者不符合银行的贷款条件。我们就以小笔、快速、灵活的方式帮助他们解决资金流动问题。不仅协助这些企业自身发展，也帮助他们创造更大的社会财富，制造更多的就业机会，为西部地区的民生发展作出贡献。

UA 在国内能如此迅速地发展，受益于相关政策的逐步成熟，受益于各地政府、相关机构的关心和帮助。成都公司尤其得到了四川省领导和成都市金融办的大力帮助，在此向各位领导表示衷心的感谢。

当然，国内的小额贷款行业刚刚兴起，我们还需要更多地与大家沟通，介绍我们的行业。我借此机会，跟领导跟大家分享讨论一些问题。这些问题有的是我们国内同行的共同感受，有的来自于我们 UA 在各地申请筹建小额贷款公司的经验和公司经营的经验。希望和各位领导及嘉宾一起探讨。

目前国内已经开业的众多小额贷款公司反映最突出的困难是资金紧张。现行小贷公司管理办法中对资金来源，融资上限要求很严格。现实当中的情况是，一两个亿的资金，很多公司几个月就放出去了，可是回收很缓慢，一年两年才慢慢收得回来。这跟庞大的贷款需求不相符合。不知道有没有什么办法可以帮助解决小贷公司后续资金不足的问题。

其次是管理办法严格要求小额贷款的利率不得高于基准利率的 4 倍。目前小

额贷款公司是作为一般的商业机构在交税，赋税很重。运营成本，例如查征信系统被要求付出的费用等等，也明显高出银行一类的金融机构很多，负担比较重。

再者是征信系统的问题。因为我们提供的是无担保无抵押的信用贷款，个人征信信息就成了贷款批核与否最重要的评判材料。但是小贷公司现在还不能进入人民银行的征信系统，只能通过其他银行或机构间接帮忙查征信系统，或者接入系统的花费非常高昂，这些都在很大程度上影响了公司的运作效率。如果将小贷公司纳入征信系统，降低征信查询的收费，不仅能提高各间公司的贷款效率，降低不良贷款比率，也为征信系统本身提供了更丰富的信息来源，有助于建立一个完善的信用记录系统。

还有一个问题是我们 UA 作为外资公司所面临到的，就是调汇。国内公司成立以后，资本金按照实报实销的方式每天结汇，直至所有外币被汇兑成人民币为止。我们成都亚联财小额贷款有限公司的注册资本是 3.5 亿元港币，接下来云南公司的注册资本也是 3.5 亿元港币，按照现行的调汇方法，时间长，程序繁，加上近段时间以来人民币汇率浮动较以前增大，也带来了汇率损失。

上面这些问题，希望可以得到各位领导和嘉宾的出谋划策，和我们一起来推动整个小额贷款行业的发展进步。

我们眼中的西部大开发即是西部大开放，不仅是面向全国，更是西部面向国际的开放。开放的政策、宽松的环境和企业的勤恳运作，在大家的共同努力下，定会实现西部地区民生发展和我们外资企业发展的双赢！

谢谢大家！

中英人寿保险有限公司在第一届中国西部金融论坛圆桌会议上的发言

中英人寿保险公司副总裁　邱　毅

尊敬的各位领导，

各位嘉宾、各位朋友：

上午好！

非常感谢市府领导给予中英人寿这次交流的机会。能够代表中英人寿受邀参加这次西部金融业的盛会，既是中英人寿的荣幸，也是我个人的荣幸。

受国家西部大开发战略的感召和鼓舞，中英人寿于2004年9月在成都开业，当时是第一家进入四川市场的外资人寿保险公司。那一年初，当我们决定落子成都时，我们的外方股东英杰华集团中绝大多数人不知道中国西部还有这样一个美丽的城市。6年后，中英人寿在四川所取得的成绩让英杰华集团所有人、甚至更多的英国人都认识了成都、关注起四川，当然，也喜欢上了四川的大熊猫。

当初选择成都作为中英人寿的重要战略地区，不仅仅看重这里广阔的市场潜力，而且看重这里明显的人才优势，也更加看重这里优良的投资软环境，也是受到省、市政府以及监管部门的支持和鼓励。中英6年来的发展轨迹证明了中英的选择是正确的。2004年，中英人寿刚开业时新单保费只有777万，而在2009年全年度新单保费就达到8.33亿，2005—2009年每年保费的复合增长率为30%。截至2009年底，中英人寿在四川累计拥有有效客户数约40万人，在四川23家寿险公司中，累计新单保费排名第9，占外资寿险累计新单总保费的31%强，在运作地区的新单保费市场份额为3.33%。中英人寿的运作地区包括成都、绵阳、南充、乐山、达州、泸州六个地级城市，以及双流、都江堰和新都三个成都市郊

县。现在，中英人寿四川分公司已经成长为中英人寿系统内排名前二的分公司。

市场给中英的回馈是丰厚的，我们非常珍惜市场这样的厚爱，所以丝毫不敢懈怠。中英人寿经过长期的精耕细作，客户满意度在行业内处于领先水平。2009年底，全球第四大市场调研公司 GFK（捷孚凯有限责任公司）受英杰华集团委托，以全球统一的第三方调查者身份对中英人寿四川分公司的客户满意度进行了客观公正的调查，结果显示，中英人寿 NPS（客户转介率）得分 15.1，超出全球竞争市场最高水平。

作为一家外资企业，中英人寿非常乐于向海外民众推广成都和四川的积极形象。我们曾连续两年在成都举办以中英人寿冠名赞助的"中英人寿中国羽毛球大师赛"。2006 年 3 月应黄小祥副省长的要求，中英人寿中国羽毛球大师赛在成都隆重举行，这是一次国际 6 星级羽毛球赛事，是四川省迄今为止承办的最高规格的体育赛事。尤其是 2007 年中英人寿中国羽毛球大师赛，既是世界羽联主办的12 站超级系列赛中的一站，也是在中国展开的首站奥运积分赛。为了抢夺奥运积分，赢取高额奖金，世界排名前列的各国顶尖选手都纷纷来到成都参战。中英人寿积极推动赛事在成都落地举行，为提升成都的国际形象，打开对外交流的窗口，做出了卓越的贡献。

中英人寿在四川取得的优秀成绩，为我们的股东们递交了一份满意的答卷，更加增强了外方股东在中国的信心，我们的外方股东英杰华集团 CEO 安德鲁·莫斯去年访华时曾表示："China is a must win market"。中国是英杰华在亚洲最重要的必赢市场。同样也增强了中方股东中粮集团对四川的信心。

通过两天来参加西部金融论坛，我深切地感受到，这次金融盛会为我们搭建了一道与政府沟通的桥梁，开启了一扇近距离了解政府金融政策和西部发展规划的大门，可以让我们有机会遵循政府的规划调整企业的未来发展，更好地把握西部大开发的机会，共同分享西部大开发的成果。

我个人非常认同政府关于构建"一枢纽、三中心、四基地"的战略部署，结合中英人寿的实际情况，对三中心之一"建立西部金融中心"提几点建议。

（1）金融中心的建设离不开良好的交通环境，交通环境不仅仅指成都与全国各地之间的交通，更重要的是指金融中心区域内和城市内的公共交通建设。建设包括公交、地铁、高架等多样化的、立体的公交系统，可以对金融中心内广大的基层工作人员更有吸引力。

（2）金融中心的建设同样需要顺畅的通讯设施。大量的金融数据需要及时准确地进行交换，因此一个稳定的、迅捷的、成本低廉的通讯系统是必备的硬件条件之一。

（3）金融中心需要建立起自己的人才吸引优势。高级金融人才往往集中在港台或东南沿海地区，怎样能够吸引高端人才来到成都？我们期待着出台解决他们居住、交通、子女入学等生活问题的政策细则。除了高端人才之外，建议还可以关注到企业的中层核心人才，这部分人对企业是否愿意选择成都作为金融中心也有着关键作用，因此在税收、租房或购房等解决其生活问题上也能予以政策考虑。

（4）如何凸显成都金融中心的竞争优势？目前金融中心大多聚集在东南沿海，这些已经存在的金融中心如果重新选择，成本因素将是最重要的考量指标之一。我们已经看到有一些优惠政策，也期待政府可以根据企业的实际情况量身定做有利于企业作出选择的政策。

最后，我代表中英人寿再次感谢各位领导，预祝本次盛会圆满成功！

在西部与台港澳金融合作圆桌会议上的发言

台湾创业投资公会秘书长　苏拾忠

各位领导、各位嘉宾：

大家好！

非常高兴来参加这个会。本来昨天我就该来了，但是因为在台湾地区接待了一些来自内地的嘉宾而耽误了行程，我们正在积极地筹备一些两岸的论坛，在 11 月 15 号要办一个论坛，6 月的时候就已经办了一场，在开场之际，我提一个建议，希望严主任能够考虑，在明年到台北开一场金融论坛，最好是春暖花开的时候，台湾地区还不很热，到金秋送爽的时候，我们到成都办一场，一年办一场，彼此交流，建立成都与台北，或者说四川省与台湾地区的合作，我希望在一开始就提这样的建议。

我昨天晚上才到成都，这是一个非常惊险的旅程，我从台北乘飞机到香港，因为同一个时间，有两班飞机要飞成都，都是国泰航空的，结果到了要登机的时候，走错了登机口，而且两个登机口很远，所以在起飞前十分钟才赶到登机口，竟然不让我进飞机，说已经关门了，因为人不多，很早大家就登机、关门了，没有办法，我就转进到深圳，准备搭今天早上八点钟的飞机赶过来，当然这个时间还来得及，既然八点钟赶飞机就打算住到机场边的酒店，因为当天晚上有十点十分的飞机，我十点十分走进机场。整个机场的柜台，都没有人了。我就问值机柜台有多大可能让我登上这个飞机，来参加成都的论坛。他说："你的票呢？"我说："没有买票。"在这种情况下，这位年轻人说，你现在马上去买票。然后他打电话告诉飞机，说等一等，有一个人要到成都去，一定要上去。我当场买了票，当场上飞机，在十点十五分搭飞机飞到成都来。三个小时前，我在香港，因为大家登机快，起飞前被拒绝，我在深圳起飞前，我连票都没有，我还是赶到成都来了。由此，我有这几个心得：第一，国泰航空与深圳航空，在满足客人需求这件事，是有差别的；第二，对规则的变通，也有差别的，香港说这是规定，但是同样的规则，为什么深圳可以打破？第三，我在深圳机场，他们一个人打电话，一个带着我去买票，甚至还帮我提行李，他们还很高兴，我感受到年轻人的活力。这是我昨天晚上的心得，所以我以这个为报告：第一是客户。

我想我们今天谈金融，金融的客户是谁，金融的客户如果是金融本身的话，如果金融的发展是为了金融的话，那么我们将来一定发展出金融风暴。金融的目的，金融的客户是企业，是消费者。如果金融是用来服务企业的话，这个金融是好的。在台湾地区，金融界都有两个部分：消费金融和企业金融，消费金融就是服务于广大的消费者，企业金融就是贷款给企业，服务企业。台湾地区金融界对企业的服务是很好的。如果今天成都，或者是四川，想成为西部发展的引擎，如果金融是在服务金融的话，那我不认为有什么前途值得推动。如果要想用金融服务产业，让整个大西部发展起来的话，我觉得这是对的，而且是非常重要的力量，那么这一点我认为可以跟台湾地区合作，跟台湾地区合作，就是用它的金融服务，去服务他的客户，也就是服务产业，我们做得非常好。我觉得台湾地区跟成都合作的话，这是非常重要的事情。我刚才听到成都现在发展股权投资。股权投资和创业投资，这两件事情有什么区别？创业投资自始至终都是在推动产业发展，股权投资不是，就是在上市前，为了赚钱而去做的，所以为了赚钱的投资是财富投资，创业投资是产业发展投资，所以成都发展股权投资的话，我个人觉得是对成都无益的，如果目的不是为了发展产业的话，这样的金融是不值得推广的。

第二个心得是有关规则的部分，这个规则需要变通。这对台湾地区讲是需要的。成都成为大西部的这个发展的引擎，发展的中心，有很多规则是需要变通的。其他规则不谈，谈的是港澳台的合作，我觉得有一个变通是一定要进行的，而且要努力地突破。成都应该以身为大西部开发的核心引擎这样的角色，建议中央让台资在这里发展，因为过去外资有很多的好处，如果台资在这里发展，道理是谁把台湾地区放在外国。有一种不对的看法：台湾地区的钱是外国的钱，台湾人是外国人，这个观点跟中央的政策似乎不太一致，为什么把台湾人当成一个外

国人？台湾地区在这边赚的钱，会去哪里，回到台湾地区呢，还是到哪里？最后还是回到台湾地区，台湾地区在哪里？台湾地区在中国，所以台资是比较好的事情，台湾地区的所有和能力都搬到这里来。怎么样把台资引进来，突破一个规则，开发大西部就先试先行，就在成都，所有台资都是内资。这是一个在成都与台湾地区之间的合作，这是第一个。

我们看年轻小伙子的感觉，那就是活力与创新。今天早上听市长在说，好像大家都觉得成都在跟重庆比，在大西部的开发里面，有的人觉得重庆蛮重要的。无论是产业的发展，金融的发展，重庆绝对是成都的竞争者，而且是非常强大的竞争者，成都在这样的状况下，不是打败重庆，而是成都能够扮演一定的角色，除了努力以外，更重要的是创新，如果我们做的事情，重庆都做过，我们做的事情，上海都做过，那么成都如何能够扮演龙头的角色呢？创新的事情，尤其是今天谈的金融创新，金融是非常保守的产业，这个行业是难以创新的。还好，台湾地区过去做了非常多的努力，做了很多创新的事情。我们不是搞什么样的创新，是真正了解，怎么样对于一个企业做出好的东西。怎么样把台湾地区这种真正对大西部发展有利益的创新做法带进去。有些已经实验过了。针对台湾地区的形式实验过了，成都跟台湾地区蛮像的，有很多的中小型企业，成都人很休闲，喜欢喝茶。所以我觉得把台湾地区的金融产业如何服务企业、服务企业发展引进来，在成都优先采用，说不定能够有帮助。成都在未来的发展，是比重庆还超前的。

谢谢各位。

（根据录音整理。）

在西部与台港澳金融合作圆桌会议上的发言

成都市台商协会常务副会长、秘书长　方履兴

各位女士，各位先生：

大家好。

很荣幸能够参加这次论坛，并且在这里发言。刚刚讲话的都是金融企业家和金融专家，我就不是了。我只能发表我自己身为一个台商的一个感想跟一个期盼。

我们协会成立于1995年，现在有太平洋百货，还有统一、旺旺这些大的企业的加入。到现在来讲，台商企业到成都总共是307家，另外在建的有富士康、维创、仁宝、群光百货，未来也会来成都进入台商百货的大家庭。但是我比较遗憾地报告一下，就是台资金融机构核准设立办事处以来，仅有一个机构在成都设点，我想，台资企业的融资是它在大陆发展的一个很重要的因素。如果是一个大的企业，透过银行的联贷拿到资金，可能比较容易，但是对中小企业来讲，确实非常困难。因为他在台湾地区的资产和信用在这边的银行基本上比较难接受，当然会在融资方面造成不方便。而资金是企业的血脉，企业的经营、企业的发展、企业的拓建都需要资金的支持，所以中小企业的心声就是希望台湾地区的银行能够到这边来协助他们发展。这是我表示的第一个愿望。

另外就是说，今年六月，两岸经贸框架结构协议已经签署了，签署以后，事实上原先制约台湾地区企业、金融企业进入大陆的障碍已经消除了，台湾地区金融企业进军西部的契机已经来到了，然后为台资的企业发展提供了动力了。我为什么讲契机已经到来？第一，我们看到"十二五"的计划，西部大开发仍然是一

个重要的项目。我想，在这个政策下，一定有很多的优惠政策吸引这些企业进入西部做开发；第二，国务院也确定，成都是西南部地区的科技中心、金融中心、商贸中心，还有两个枢纽，就是通讯跟交通的枢纽；第三，台湾地区外贸协会做了一个成都、德阳、绵阳的市场潜力跟消费信息的调查报告，报告认为：成都将逐步发展成大陆西部地区的物流中心、商贸中心跟金融中心；第四，今年八月，每年的大陆投资跟风险的一个城市评估，也就是说台商未来最希望投资的布局跟投资的城市，成都名列第三；第五，美国杂志已经说未来发展最快的城市，成都、重庆、苏州和南京，成都快速的、发达的优势是名列第一的，这样的优势会吸引更多的台资企业进入成都投资，另外有关四川省及成都市金融发展的战略以及所作的努力，刚刚各位领导都已经介绍过了，我在此不再赘述。

西部金融投资的条件已经具备，成都市政府也为金融投资环境做好了工作，作为在蓉的台商，我和协会同仁们，热切盼望台湾地区金融企业加入本地台商，共同建设成都，共同发展，这是我作为一个台商的期盼。

谢谢各位。

打造川港资本对接平台，
共推成都金融产业升级

港汇资本集团有限公司董事、中国西区总部董事长　袁志明

尊敬的各位领导，

各位嘉宾、各界朋友：

大家好！

承蒙论坛组委会邀请，有幸参加本次会议，与诸位领导、专家、朋友共商西部与台、港、澳金融合作大事，本人深感荣幸！

我代表港汇资本集团，向会议成功召开表示热烈祝贺，向莅临会议各位领导、嘉宾，表示诚挚谢意。

港汇资本集团正积极投身成都金融总部商务区的打造，本人愿把我公司对如何加深西部与香港金融合作的认识及发展规划向大会作个汇报，请予指正。

一、全方位植入港式金融服务要素，整体提升西部金融城产业功能

勤劳的人民，肥沃的土地，丰富的物产，适宜的气候，横亘数千年历史文化，健全的市场体系，完善的城市功能，发达的交通网络……不但使成都成为当之无愧的"天府之国"，也成为大陆西部无人望其项背的经济、政治、文化、金融中心，更成为港资机构进军西部、投资发展的乐土，是发展金融服务业的首选之地。

目前成都正加快金融业改革开放，力争把成都建设成为具有国际辐射力和带动作用的区域性金融中心；成都正在着力解决金融业态发展不平衡、金融市场发育不完善、金融业辐射能力不强的难题；正在以西部金融城为中心，打造西部金融机构集聚中心、西部金融创新中心、市场交易中心以及全国一流的金融服务中心。这给外资包括港资企业带来难得的发展机会。

香港作为国际金融、贸易、信息中心，现代服务业高度发达，拥有先进的管

理经验和雄厚的资本实力。近年来，在川港两地政府、企业大力推动下，两地金融领域合作初见成效，多家港资银行落户成都，一批西部内地企业在港上市，香港律师事务所等中介机构登陆蓉城。但是，两地金融领域合作，与港资在成都房地产、酒店等非金融领域的投资相比，还相对薄弱，合作领域狭窄，要素配置单一，大量代表国际水平的香港金融服务理念、技术及产品仍尚待引进西部，两地加深合作的空间巨大。

实现香港现代金融服务体系及产业，向西部的梯度转移，整体平移、对接到成都金融总部商务区，将使成都金融总部商务区站在世界级高度向前发展。既有利于香港服务市场的外向型发展，也有利于西部服务业的升级，将实现两地双赢。

这种发展趋势，也将给港汇资本集团带来巨大的发展机会。

二、填补成都金融高端平台服务空白，助推川港两地资本融合共谋发展

港汇资本集团在私募股权投资、资产重组、渠道融资、商业管理、房地产投资、不良资产处置等金融相关业务领域多有建树，与全球范围内多家知名投资公司、基金、银行等建立有紧密合作关系。

基于西部大开发战略和西部经济快速发展趋势，集团已决定以"成都香港城项目"为平台，按照成都市建设"世界现代田园城市"的发展战略，积极参与成都金融总部商务区打造，在成都设立港汇资本集团中国西区总部及大陆西部资产管理中心，整合聚集各类金融要素，以项目为据点，服务成都，并辐射整个西部，结合集团自身优势及未来发展，为大陆西部地区客户提供更优质金融服务与金融产品。

成都香港城项目的定位是：
● 打造西部首座香港优质金融产业要素聚集配置运营服务平台；
● 建立香港现代金融服务业在中国大陆西部的离岸服务中心；
● 香港金融服务体系，从香港延伸平移到内地；
● 将香港资金、技术与内地资本对接融合。

项目拟占地60亩，由200米超高层塔楼1座及125米高层塔楼3座及裙房建筑组成，规划总建筑面积约60万平方米，总投资额约30亿元港币。业态包括：港资金融服务机构超市、5A金融级写字楼、金融家公寓、五星级酒店式公寓、金融家俱乐部会所、全球主题美食中心、中欧金融家俱乐部、高级购物中

心、法国宫廷风情酒庄等。

项目规划将借鉴欧美先进的 HOPSCA 现代城市发展理念，打造能完整承载、整合及运行香港现代金融要素的，集居住、办公、商务、出行、购物、文化娱乐、社交、游憩等功能为一体的功能复合、高度集约的街区建筑群体。

项目建筑将打造中国西南区首个由美国绿色委员会监管的 LEEDS 环保金级建筑群。

项目将引进港资金融机构及中介机构，建立西部最大的外资金融服务机构超市，形成西部最大的港资资本离岸场外交易市场，建立国际化的成都金融产业经营管理服务体系。

项目拟引进超五星级酒店管理公司对酒店进行管理，顶尖物业管理公司对写字楼进行星级化管理；引入香港高端、时尚、一站式的购物中心；创建"西部金融家俱乐部"。

项目将与成都市友好城市法国蒙彼利埃市合作，共同打造以文化为承载体的中欧金融交流平台，打通西部金融与欧美金融市场对接管道。项目包括：中欧金融家俱乐部——中欧两地金融界和企业界高端人士的高层次的私人交流平台；法国宫廷风情酒庄——整体复制法国高端金融人士社交场所元素，以法国原产直供红酒为媒介，增进东西方文化及金融的交流。

总之，港汇资本集团将不辜负四川省及成都市各级党委、政府的厚望，有决心、有信心以香港城项目为突破口，全方位投入西部金融城开发，为内地金融业的国际化发展尽绵薄之力。

谢谢大家！